U0839828

总第17辑

2024年第1辑

控告申诉检察工作指导

KONGGAO SHENSU JIANCHA GONGZUO ZHIDAO

最高人民检察院第十检察厅／编

中国检察出版社

图书在版编目（CIP）数据

控告申诉检察工作指导．2024年．第1辑 / 最高人民检察院第十检察厅编．—北京：中国检察出版社，2024.4

ISBN 978-7-5102-3056-1

Ⅰ.①控… Ⅱ.①最… Ⅲ.①检察机关—工作—研究—中国 Ⅳ.①D926.3

中国国家版本馆CIP数据核字（2024）第058298号

控告申诉检察工作指导（2024年第1辑）

最高人民检察院第十检察厅 编

责任编辑： 葛晓湄
技术编辑： 王英英
美术编辑： 徐嘉武

出版发行： 中国检察出版社
社　　址： 北京市石景山区香山南路109号（100144）
网　　址： 中国检察出版社（www.zgjccbs.com）
编辑电话：（010）86423784
发行电话：（010）86423726　86423727　86423728
（010）86423730　86423732
经　　销： 新华书店
印　　刷： 河北宝昌佳彩印刷有限公司
开　　本： 710 mm × 960 mm　16开
印　　张： 16.25
字　　数： 194千字
版　　次： 2024年4月第一版　2024年4月第一次印刷
书　　号： ISBN 978-7-5102-3056-1
定　　价： 55.00元

《控告申诉检察工作指导》
编委会

目　录

【特　稿】

【专　论】

【工作研究】

【业务实践】

【典型案例】

【经验交流】

【专题调研】

【答疑解惑】

【文　苑】

【文件选登】

【工作传真】

Tegao

特　稿

提高政治站位 扛起使命担当 推进新时代“枫桥经验”检察实践取得新成效*

葛晓燕**

党的十八大以来，习近平总书记从新时代治国理政全局和推进社会治理能力现代化的战略高度，多次就坚持和发展新时代“枫桥经验”作出重要指示，赋予其新的时代内涵。2021年，新时代“枫桥经验”写入《中共中央关于党的百年奋斗重大成就和历史经验的决议》，成为中国共产党百年奋斗宝贵经验的重要组成部分。2023年11月6日，纪念毛泽东同志批示学习推广“枫桥经验”60周年暨习近平总书记指示坚持发展“枫桥经验”20周年大会召开。会议强调，要坚持以习近平新时代中国特色社会主义思想为指导，全面贯彻习近平法治思想，坚持和发展新时代“枫桥经验”，提升矛盾纠纷预防化解法治化水平，为强国建设、民族复兴伟业创造更加安全稳定的社会环境。检察机关作为党绝对领导下的政治机关、司法机关和国家法律监督机关，必须认真贯彻习近平总书记重要指示精神和党中央决策部署，自觉把坚持和发展新时代“枫桥经验”作为重要政治任务，以强烈的责任担当和忠诚的履职实干，奋力推动新时代“枫桥经验”在检察工作中落地落

* 本文原载于《习近平法治思想研究与实践》专刊2024年第2期（《民主与法制周刊》2024年第7期）。

** 最高人民检察院党组成员、副检察长，二级大检察官。

实，为全面建设社会主义现代化国家提供有力法治保障。

一、深刻认识在检察工作中坚持和发展新时代“枫桥经验”的重大意义

（一）在检察工作中坚持和发展新时代“枫桥经验”，是贯彻落实总体国家安全观，促进提升社会治理效能的内在要求

基层治理是国家治理的基石，确保政治安全和社会大局稳定，是落实总体国家安全观的重要内涵，是实现国家治理体系和治理能力现代化的题中应有之义。检察机关参与国家治理与基层社会治理，是把检察履职融入党和国家发展大局中的必然要求。检察信访工作作为检察机关联系和服务人民群众的桥梁和纽带，是延伸监督触角、参与社会治理的重要实践窗口，是检察工作的重要组成部分，是做好整个检察工作的重要保证。深入推进检察信访工作，要求检察机关必须深度融入共建共治共享社会治理格局，自觉把新时代“枫桥经验”贯穿检察工作全过程，切实把防范化解重大涉稳风险作为重要任务来抓，充分发挥信访工作对社会研判的“晴雨表”作用，及时采取有效应对和防范措施，筑牢“防火墙”，不断提升检察机关参与社会治理成效。

（二）在检察工作中坚持和发展新时代“枫桥经验”，是坚持以人民为中心的发展思想，不断增进民生福祉的迫切需要

习近平总书记强调：“江山就是人民、人民就是江山，打江山、守江山，守的是人民的心。”[①] 党的二十大报告指出，推进中国式现代化必须把以人民为中心的发展思想作为一项重大原则贯穿其中，而发展的根本目的就是增进民生福祉。群众利益无小事，一枝一叶总关情。

---

① 习近平：《在庆祝中国共产党成立一百周年大会上的讲话》（2021 年 7 月 1 日），载《习近平谈治国理政》（第四卷），外文出版社 2022 年版，第 9 页。

如何妥善处理群众信访矛盾纠纷，维护好人民群众的合法权益，更好满足人民群众日益增长的利益诉求和对美好生活的向往，是我们必须高度重视、圆满完成的职责使命和时代课题。坚持和发展新时代“枫桥经验”，要求检察机关必须始终坚持人民立场、人民主体地位，把维护群众合法权益作为司法办案的基本任务，努力让人民群众在每一个信访案件中感受到公平正义，以法治之力增强人民群众的获得感、幸福感、安全感。

（三）在检察工作中坚持和发展新时代“枫桥经验”，是强化检察法律监督，维护社会公平正义，彰显法治担当的有力抓手

习近平总书记深刻指出，“一个现代化国家必然是法治国家”①。党的二十大报告指出，公正司法是维护社会公平正义的最后一道防线。检察机关作为国家法治建设的重要参与者、推动者，承担着促进规范执法、公正司法，维护社会公平正义，保障国家法律统一正确实施的重要职责和使命。坚持和发展新时代“枫桥经验”，要求检察机关必须立足宪法定位，运用法治思维和法治方式，做到依法一体履职、综合履职、能动履职，坚持在法治轨道上依法妥善化解涉检信访事项，引导群众自觉寻求法律途径维护自身权益，同时要做到敢于监督、善于监督，认真对待人民群众的信访诉求和理由，注重从群众信访中深挖监督线索，提高法律监督质效，努力为法治中国建设贡献检察力量。

（四）在检察工作中坚持和发展新时代“枫桥经验”，是主动接受监督，改进工作作风，提高履职水平的重要途径

习近平总书记强调：“时代是出卷人，我们是答卷人，人民是阅卷

① 习近平：《提高国防和军队建设法治化水平》（2014 年 12 月 26 日），载习近平：《论坚持全面依法治国》，中央文献出版社 2020 年版，第 130 页。

人。”[①]信访工作是了解社情民意和为政得失的重要窗口。人民群众的信访问题，正是对我们履职答卷情况的一次直接检验与考核，同时也为我们反躬自省、查缺补漏、改进提升提供了机会。坚持和发展新时代“枫桥经验”，不仅是服务群众、团结群众、惠及群众的过程，也是主动接受群众监督，紧紧依靠群众履职，汲取群众智慧，实现自我革新、自我提高的过程，检察机关必须牢固树立“监督者更要自觉接受监督”意识，主动接受外部监督，自觉从群众信访中做好反向审视工作，全面检视自身在工作理念、司法作风、办案质效、检察管理等方面的问题与不足，全面提升检察履职能力和水平，持续巩固拓展检察为民工作成果，为奋力谱写检察工作现代化发展新篇章筑牢坚实基础。

二、准确把握检察机关坚持和发展新时代“枫桥经验”的重要关系

新时代“枫桥经验”的科学内涵是，坚持和贯彻党的群众路线，在党的领导下，充分发动群众、组织群众、依靠群众解决群众自己的事情，做到“小事不出村、大事不出镇、矛盾不上交”；实践要求是，立足预防、立足调解、立足法治、立足基层，切实做到预防在前、调解优先、运用法治、就地解决；时代特征是，依法办事。检察机关坚持和发展新时代“枫桥经验”，必须深刻理解其科学内涵、实践要求和时代特征，统筹把握以下重要关系。

（一）政治性与法治性的关系

党的领导是中国特色社会主义最本质的特征，是我国社会主义法

① 习近平：《坚持和发展中国特色社会主义要一以贯之》，载《求是》2022年第18期。

治之魂，是做好信访工作的最高原则、最大优势。要贯彻落实好习近平总书记对信访工作的重要指示精神，更好发挥法治对信访工作的保障作用，密织法律之网、强化法治之力，依法依规协调处理群众诉求，引导涉法涉诉信访问题在法治轨道上妥善解决。坚持和发展新时代“枫桥经验”，必须牢牢把握信访工作政治性与法治性的辩证关系，进一步做到从政治上着眼、从法治上着力，始终坚持党对检察信访工作的绝对领导，坚定拥护“两个确立”、坚决做到“两个维护”，坚持以法治精神为引领，严格落实“五个法治化”的实践要求，依法维护群众合法权益，切实让信访群众在依靠法律、相信法治中受益，不断提高人民群众的法律信仰与法治获得感。

（二）目标导向与问题导向的关系

习近平总书记强调，要“处理好目标引领和问题导向的关系”①。发挥好目标导向的“牵引力”，坚持好问题导向的“助推力”。推动新时代“枫桥经验”在检察工作中落地落实，就要进一步聚焦人民群众对公平正义、权益保障的新期待，对标“高质效办好每一个案件”的新要求，深入查摆在工作理念、机制、作风、能力、成效等方面的问题，有针对性加以改进和完善，不断提升检察履职能力和水平，努力为人民群众提供更多、更优质、更可赞的检察产品。

（三）依法维权与有效维稳的关系

随着法治建设的深入推进，公民的法治意识和法治观念不断增强，但“信访不信法”、“以访压法”、以“法外”方式进行无理缠访闹访的情况仍有发生，实现依法维权与有效维稳双重目标，依然面临较多困难和挑战。推动新时代“枫桥经验”在检察工作中落地落实，

① 习近平：《在中央和国家机关党的建设工作会议上的讲话》（2019 年 7 月 9 日），载《求是》2019 年第 21 期。

就要进一步把握好依法维权与有效维稳两者的关系，积极教育和引导信访群众通过法律途径、依照法定程序来维护自身的合法权益、实现权利救济。同时，要明确法律底线，对严重扰乱公共秩序、寻衅滋事等违法犯罪的信访行为，严格依法严肃处理、严厉打击，确保信访秩序井然与社会秩序安定。

（四）"治已病"与"防未病"的关系

习近平总书记强调："法治建设既要抓末端、治已病，更要抓前端、治未病。"[①] 预防是解决信访问题最有效最经济的办法。群众信访尤其涉法涉诉信访往往属于"事后救济"，是一种"监督后的监督"或者"监督再监督"。推动新时代"枫桥经验"在检察工作中落地落实，就要进一步强化标本兼治，坚持"去存量"与"遏增量"相结合，完善矛盾纠纷多元化解机制，推动更多检察力量向引导端和疏导端用力，注重端口前移，不断压实信访申诉基层首办责任，以依法能动履职促诉源治理，努力将检察信访矛盾及时有效化解在萌芽状态、解决在基层"最先一公里"。

（五）顶层设计与基层探索的关系

坚持和发展新时代"枫桥经验"，是一项历久弥新、钻之弥坚的民生工程，既需要顶层设计的规范引领，也离不开基层探索的实践验证。推动新时代"枫桥经验"在检察信访工作中落地落实，就要进一步找准政治站位、使命方位、职能定位，不断深化检察信访基层实践，鼓励基层解放思想，勇于探索和尝试，善于创造性推进检察信访工作。同时，及时巩固好、转化好、发展好基层实践成果，为完善顶层设计提供检察智慧和检察样板。

---

① 习近平：《从全局和战略高度推进全面依法治国》（2020年11月16日），载《习近平著作选读》（第二卷），人民出版社2023年版，第384页。

（六）牵头抓总与合力统筹的关系

群众信访工作是一项涉及各领域、各条线、各层级、各环节的系统工程。推动新时代“枫桥经验”在检察工作中落地落实，就要进一步发挥控告申诉检察部门牵头抓总作用，建立完善检察信访工作责任体系，压实各业务条线、各办案环节信访工作责任。同时要主动融入社会治理现代化格局，在各级党委统一领导和指挥下，主动加强与公安、法院、信访等有关部门的密切协作，充分发挥第三方社会力量、平台功能与资源优势，合力做好群众信访工作，切实把中国特色社会主义检察制度优势转化为社会治理效能。

（七）传统优势与创新赋能的关系

“枫桥经验”重在实践，贵在创新。新时代“枫桥经验”的显著特征是始终坚持守正创新，按照系统治理、依法治理、综合治理、源头治理的要求，完善社会治理体系，提高社会治理社会化、法治化、智能化、专业化水平。推动新时代“枫桥经验”在检察信访工作中落地落实，就要进一步树立并践行守正创新原则，在发扬传统优势、巩固既有成果的同时，还应当勇于突破思维局限，善于以创新谋发展，以创新开新局，注重发挥现代科技优势，以数字技术赋能新时代检察信访工作，努力为实现检察信访工作高质量发展注入强大动力。

（八）经验总结与成果共享的关系

“一个案例胜过一打文件”，这就要求我们在工作中做到勤于思考、善于总结，注重做好典型案例的挖掘培育工作，注重发挥先进典型的示范引领作用，通过一点突破带动整体，实现全面提升。推动新时代“枫桥经验”在检察信访工作中落地落实，就要进一步坚持干工作与抓总结相结合、独创引领与共享共进相协调，深入挖掘、提炼、培育检察信访工作中的好经验、好做法、好案例、好品牌，同步做好宣传推广和成果共享工作，促进检察信访工作成效整体提升。

（九）方向引领与能力建设的关系

谱写坚持和发展新时代“枫桥经验”这篇大文章，必须要有一支能力强、素质高、跟得上、能适应、敢担当、善作为的专业化信访工作队伍。推动新时代“枫桥经验”在检察信访工作中落地落实，就要进一步把队伍能力建设摆在突出位置来抓，着力在思想观念、业务水平、工作机制和工作方式上固根基、扬优势、补短板、强弱项，主动在检察信访工作中接受思想淬炼、政治历练、实践锻炼、专业训练，努力建设一支让党放心、人民满意的检察信访工作“铁军”。

三、深入推进检察信访工作法治化，助力新时代“枫桥经验”在检察工作中更好落地落实

在检察工作中坚持和发展新时代“枫桥经验”，必须始终以习近平新时代中国特色社会主义思想为指导，全面贯彻习近平法治思想和习近平总书记关于加强和改进人民信访工作的重要思想，按照“五个法治化”和“四个到位”的总体要求，以信访工作行为和群众信访行为“双向规范”为重点，切实发挥法治在矛盾纠纷预防化解中的权威作用，引导群众树立依法信访的法治理念，全面提升信访工作法治化水平。

（一）畅通群众诉求表达渠道，依法分类处理检察信访事项，提升检察信访受理法治化水平

一是进一步深化群众信访件件有回复，构建多元化便民利民工作机制。切实保障群众的信访权利，畅通和规范群众诉求表达、利益协调、权益保障的“信、访、网、电”等多元化渠道，严格落实“七日内程序性回复，三个月内办理过程或结果答复”信访工作要求，推动

群众信访件件有回复从“做得到”向“做得好”转变。

二是进一步落实诉讼与信访分离制度，依法分类处理检察信访事项。对进入检察环节的信访事项做到精准识别、厘定归属、分门别类、规范受理。对属于检察机关管辖的信访事项，严格依照“属地管理、分级负责，谁主管、谁负责”的原则，导入相应法律程序，做到依法受理。属于其他机关管辖的，引导信访人向有权管辖的机关提出诉求。对检察机关与其他机关存在交叉管辖的信访事项，按照最高人民法院、最高人民检察院、公安部、司法部《关于依法处理涉法涉诉信访工作衔接配合的规定》办理。

三是进一步推进检察信访制度建设，规范指引检察信访事项受理工作。修订《人民检察院信访工作规定》等规范性文件，构建系统完备、科学有效的检察信访工作配套措施和运行机制。细化检察机关依法依规处理信访事项工作指南，制定检察机关办理信访案件“路线图”，逐一明确案件受理范围、办理流程和时限要求，促进检察机关依法依规解决群众合法合理的利益诉求。

（二）牢固树立法治思维，坚持运用法治方式解决检察信访事项，提升依法办访化访工作质效

一是全面推行检察信访案件公开听证，做到以公开促公正赢公信。坚持能听证尽听证，积极邀请人大代表、政协委员、人民监督员、特约检察员、律师、村（居）委会代表以及专家学者等担任检察信访案件听证员，促依法办理、第三方评判、群众见证等形成合力，以更好实现“事心”双解。常态化开展简易听证和上门听证，积极开展网上检察听证，鼓励和引导各地检察机关创新公开听证方式，以更加公开透明、便民利民的方式，将信访工作做到群众的家门口、心坎上，推动信访矛盾及时就地有效解决。

二是用足用好司法救助政策，传递党的关怀和司法温度。主动将司法救助融入乡村振兴、社会治理工作大局，充分发挥司法救助制度保障民生、化解矛盾、促进息诉息访的功能优势，持续加大对农村地区“六类”人群和困境妇女儿童的救助力度。建立健全司法救助与社会救助衔接机制，助力信访矛盾有效化解。

三是积极做好外力借助工作，增强检察信访工作合力。建立健全与人民调解组织、行业调解组织的衔接联动机制，大力推进 12309 检察服务中心与社会治理中心等一体化多元解纷平台无缝衔接、深度整合、有机融入、良性互动。坚持把调解、和解贯穿矛盾纠纷化解工作始终，根据自愿和合法原则，鼓励引导当事人通过自愿和解、依法调解方式化解矛盾纠纷。深化第三方参与检察信访工作机制，深入推进律师参与化解和代理涉法涉诉信访案件，灵活采取教育、协商、调解、疏导等办法，努力实现矛盾化解“最优化”。

（三）强化信访事项源头治理，坚持依法能动综合履职，筑牢检察信访工作“防火墙”

一是进一步压实信访申诉首办责任。推广运用“干部下基层开展信访工作”经验，检察机关领导干部要切实把带头化解信访案件作为分内之责，采取重点约访、专题接访、带案下访、领导包案、检察听证等形式，用心用情用力解决群众诉求，推动解决信访难题，有效减少群众“诉累”“访累”。严格落实基层检察院领导包案办理首次信访案件，加大初信初访办理力度，提高初信初访的及时受理率、按期办结率，显著降低再申诉率和信访上行率，努力把信访申诉真正化解在首办环节。

二是进一步加强信访风险预警研判。坚持把矛盾纠纷预防化解贯穿检察履职办案全过程，深入落实“每案必评、依法化解”工作机制，对办理的每一个案件是否存在引发不稳定因素、激化矛盾纠纷等信访风险进行全面动态排查，把释法说理、检察听证、救助帮扶等风险化解措施贯穿检察履职办案全过程各环节。常态化开展经济、金融、网络、劳资、生态环境、征地拆迁、交通安全、房地产、教育、卫生等领域案件的矛盾风险研判预警工作，坚决打好信访工作主动仗。

三是进一步强化反向审视工作。充分发挥检察信访的“富矿”优势，在案件办理过程中同步进行反向审视，全面检视原执法司法活动中存在的不合法、不规范问题，注重查找司法办案的薄弱环节和制度漏洞，统筹做好个案分析、类案分析与综合分析工作，有针对性地提出监督纠正意见，推动提升检察办案质效，依法督促其他办案机关重视解决执法司法中的突出问题。加强反向审视成果运用，主动融入社会治理，更好服务“基层之治”。

四是进一步提升检察能动履职质效。建立健全刑事指控、刑事诉讼制约监督和轻罪治理体系，落实宽严相济刑事政策，完善检调对接制度，依法做好认罪认罚从宽、刑事和解等工作，做到治罪与治理有机结合。加强与人民法院、公安机关协作配合，健全对虚假诉讼的防范、发现和追究机制。开展诉源治理攻坚行动，充分释放检察建议“抓前端、治未病”的治理效能，推动检察建议从“办理”向“办复”转变。

（四）引导群众依法理性信访，依法打击信访违法行为，确保检察信访工作秩序井然

一是强化法治引领和舆论引导，促进全民法治观念养成。加强全民普法宣传教育，落实“谁执法谁普法”普法责任制，通过媒体宣传、案例发布、检务公开、法治进校园进社区等载体和渠道，大力宣传《信访工作条例》等法律法规，引导信访群众依法理性表达诉求、有序参

与司法。加强释法说理工作，在依法办案的同时，融合法理情进行释法说理，将以案释法、法治宣传寓于办案活动中，不断提升信访群众依法维权意识。

二是严格落实依法治访，依法打击信访违法犯罪行为。落实最高人民法院、最高人民检察院、公安部《关于依法处理信访活动中违法犯罪行为的指导意见》，依法及时处理信访违法犯罪行为，确保不发生安全事故。强化安全保卫工作，配齐安检、同步录音录像等设备，建立健全司法警察在信访接待场所值班制度，完善重大活动重要会议期间领导带班、值班、巡查等机制，构建应急指挥和常态化应急处突演练机制。

三是建立健全联动处置机制，合力维护信访工作秩序。推动建立维护信访秩序、处置违法信访行为沟通协调机制。发挥检察一体化优势，强化首办检察机关依法按时办结职责和上级检察机关交办、督办职能。完善上级检察机关与下级检察机关、首办检察机关在息诉化解工作中的联动机制，实现工作联动、矛盾联调、问题联治。建立健全刑事案件风险防范信息共享机制以及与其他办案机关联合接访、联合听证、联合答复共同息诉化解机制，提升信访风险防控化解能力和水平。

（五）建立健全追责问责机制，强化线索移送和依法监督问效，压实检察各环节信访工作责任

坚持把责任追究作为推动依法处理信访问题的重要抓手，按照《人民检察院内部移送法律监督线索工作规定》《人民检察院司法责任追究条例》等相关规定，加强法律监督和违纪违法线索移送，坚持认真负责、应移尽移，及时移送履职办案中发现的执法司法等方面的问题和反映，形成监督合力。全面实行办案质量终身负责制和错案责

任倒查制，健全执法司法过错的发现、调查、问责机制，对依法认定为错案的，严格倒查原办案人员和办案单位履职办案中存在问题的原因和责任，有故意或者重大过失情形的，依规依纪依法追究责任。对查实的信访中反映出检察人员滥用职权、玩忽职守、侵害公民法人合法权益等问题，依规依纪依法严肃处理，构成犯罪的，依法追究刑事责任。

Zhuanlun

专　论

编者按：2024 年 2 月 22 日，最高人民检察院第十检察厅那艳芳厅长应邀参加了由最高人民检察院新闻办公室、检察日报社联合组织的“全面贯彻习近平法治思想　高质效办好每一个案件”最高检厅长网络访谈活动，对 2023 年第十检察厅重点工作进行了总结回顾，提出了下一步工作部署要求。现将访谈实录予以刊发，供各地学习掌握，指导抓好控告申诉检察工作。

以信访工作法治化强化反向审视检视执法司法中履职问题

——最高人民检察院第十检察厅那艳芳厅长网络访谈实录*

主持人：为迎接 2024 年全国两会，集中展示检察机关坚持以习近平新时代中国特色社会主义思想为指导，全面贯彻习近平法治思想，依法履行法律监督职责，坚持“高质效办好每一个案件”的基本价值追求，为大局服务、为人民司法、为法治担当，以检察工作现代化服务中国式现代化的新进展、新成效，并展望检察机关建功新时代、奋进新征程的新愿景，最高人民检察院新闻办公室、检察日报社联合组织高检网、正义网开展“全面贯彻习近平法治思想　高质效办好每一个案件”最高检厅长网络访谈活动。

今天我们邀请到的嘉宾是最高人民检察院第十检察厅厅长那艳芳。那厅长，欢迎您的到来！

那艳芳：主持人好，各位网友大家好。

主持人：去年 12 月 27 日，中央召开推进信访工作法治化视频会议，提出在试点工作基础上，2024 年全面推开信访工作法治化。您认为在信访工作法治化过程中，检察机关的角色是什么？

那艳芳：信访工作法治化，是以习近平同志为核心的党中央作出

---

* 本文原载于最高人民检察院网站，载 https：//www.spp.gov.cn/spp/2024zgjtzft/dshijct/index.shtml。

的重要决策部署，是坚持和发展新时代“枫桥经验”、更好维护群众合法权益的重要举措，是全国检察机关坚定拥护“两个确立”、坚决做到“两个维护”必须完成好的重大政治任务。检察机关作为国家法律监督机关，既要在办理涉法涉诉信访中落实好法治化要求，又要通过履行法律监督职责为全面推进信访工作法治化提供服务保障。2023年7月以来，全国检察机关控申部门重点抓好三件事。

一是强化顶层设计。最高人民检察院研究制定《关于充分发挥检察职能作用　深入推进信访工作法治化的意见》，指导各级检察机关全面贯彻习近平法治思想、习近平总书记关于加强和改进人民信访工作的重要思想，充分发挥法律监督职能作用，以刑事、民事、行政、公益诉讼协同履职深入推进预防、受理、办理、监督追责、维护秩序“五个法治化”，实现权责明、底数清、依法办、秩序好、群众满意，推动新时代检察信访工作高质量发展。

二是完善工作规范。修订《人民检察院信访工作规定》《人民检察院控告申诉案件终结办法》以及立案监督、刑事申诉、民事申请监督案件办案规范等，按照信访工作法治化要求细化检察机关信访工作“路线图”。与国家信访局实现信访案件的信息数据共享，共建涉法涉诉信访案件终结库。

三是加强工作指导。整合控告申诉检察现有的通报指标，增加信访工作法治化有关内容的指标，更好督促各地检察机关按照法治化的要求开展检察信访工作。

习近平总书记强调，一分部署，九分落实。检察机关将通过坚持和深化群众信访件件有回复，领导干部带案下访和包案办理等机制，切实提高检察环节矛盾纠纷化解质效，切实推动信访工作法治化各项任务落细落实。

主持人：深入推进信访工作法治化，是党中央对加强和改进人民信访工作作出的重要决策部署，是贯彻落实新时代党的群众路线、更好地维护群众合法权益的重要举措。围绕全面提升信访工作法治化水平，最高检开展了哪些工作？

那艳芳：为扎实推进信访工作法治化，促进信访矛盾在法治轨道上解决，除了前面提到的加强信访工作顶层设计，最高检还开展了以下工作：

一是深化群众信访件件有回复制度。2023 年 1 月至 11 月，全国检察机关共接收群众信访 81.2 万件。其中，重复信访 22.4 万件。最高检共接收群众信访 21.96 万件。通过季度通报、交叉督导检查等推动“件件有回复”落到实处，实现 7 日回复率 99.75% 以上，3 个月答复率 97.25% 以上。

二是落实院领导接访下访、包案化解制度。应勇检察长赴山西接访两起案件申诉人，两案都得到圆满化解。葛晓燕副检察长赴云南接访两起案件申诉人，取得良好效果。2023 年 1 月至 11 月，基层检察院领导包案办理首次信访申诉的刑事申诉、立案监督、检察机关作为赔偿义务机关的国家赔偿等“三类案件”2 万余件。

三是开展信访矛盾源头化解三年攻坚行动。根据党中央和最高检党组的决策部署，最高检于 2023 年至 2025 年在全国检察机关开展信访矛盾源头治理三年攻坚行动。2023 年 1 月至 11 月，到检察机关提出申诉的案件 13255 件，刑事申诉案件发生率为 0.80%，同比下降 18.8%。

四是深入推进检察听证工作。邀请代表委员、人民监督员、律师等第三方人士担任听证员，就案件事实、法律适用等疑难、争议性问题开展针对性听证，共同释法说理，帮助当事人解“法结”化“心结”。2023 年 1 月至 11 月，全国检察机关共开展检察听证信访案件 2.78 万余件，同比上升 11.8%，信访矛盾有效化解率近 80%。其中，简易听证案件 2.25 万余件，同比上升 14.1%；上门听证案件 0.45 万余件，同比上升 30.0%。

主持人：信访工作只有运用法治方式，才能充分发挥好维护广大人民群众合法权益、反映社情民意、促进社会和谐稳定的职能作用。能否介绍一起检察机关信访工作法治化典型案例？

那艳芳：习近平总书记强调，要善于运用法治思维和法治方式解决涉及群众切身利益的矛盾和问题。越是疑难复杂问题，越是重大紧急情况，越要用法治思维和法治方式分析解决，不能让大闹大解决、小闹小解决、不闹不解决的心态滋生蔓延。下面，我简要介绍一起基层检察机关办理的赵某申请立案监督信访案。

2021 年 3 月 5 日，赵某发现有人在本地某论坛发帖污蔑其破坏同事的婚姻关系，帖子中不仅有其具体姓名、工作单位，甚至还配有其肖像图片。帖子发出后，被置于网站热门位置，浏览量超过 2 万次，对赵某及其工作单位造成了严重的负面影响。赵某当天即向公安机关报警，公安机关以该案虽涉嫌诽谤犯罪，但不符合公诉条件，属于自诉案件为由，作出了不立案决定。赵某随后向法院提起自诉，法院以该案无明确被告人，不符合自诉案件的立案条件为由不予受理。赵某不服，向检察机关申请立案监督。为切实将首次信访化解在首办环节，压实首办责任，办案检察院决定由院领导包案办理。办案中，通过向赵某及其律师了解情况、走访赵某工作单位和网络平台运营商，检察机关认为该案属于自诉案件范畴，不符合立案监督条件。但仅依法作出不支持立案监督申请的决定，赵某的合法权益不能得到有效维护。对此，经研究，建议赵某向法院提起民事诉讼，要求网络平台运营商对其侵犯赵某的名誉权的行为承担民事责任并提供发帖人的真实身份信息。经过诉讼，确定发帖人为赵某同事的妻子李某。后在检察机关组织下，赵某和李某达成和解，赵某接受了李某的诚恳道歉，并表示不再追究李某刑事责任，同时撤回立案监督申请。

该案是运用法治思维和法治方式办理信访案件的典型案例。案涉网络诽谤行为给被害人的身心、生活和工作造成严重影响，但因网络空间的虚拟性、隐秘性，且该案系自诉案件，导致被害人维权难。检察机关办案时，未就案办案，而是对个案进行具体分析研判，同时发挥院领导包案优势，找到破解问题、化解矛盾的办法，通过建议提起民事诉讼、组织和解等方式让信访化解在基层、化解在首办环节，真正让人民群众能感受、可感受、感受到公平正义。

主持人：控告申诉检察工作要履行法律监督职能，做好反向审视，提升办案质效。我注意到，“反向审视”这个词多次出现在最高检有关工作报道中。请问，反向审视中“审视”的是哪些工作？对于提升办案质效有何实质性作用？

那艳芳：控告申诉检察中的反向审视，是指通过办理控告申诉案件，审查原案办理中存在的问题，并依法促进相关问题纠正、规范、完善的工作。主要涉及四方面内容：一是通过办理控告申诉案件，审查原案处理决定是否正确，检视执法司法活动中存在的履职不到位问题；二是通过深入剖析，深挖案件背后的问题及原因，查找是否存在社会治理漏洞；三是通过类案或综合审视，对矛盾较为突出的领域环节或某一时期进行综合调查研究，发现法律法规政策等宏观制度设计上存在的不完善之处；四是通过反向审视发现法律监督线索。通过反向审视，全面检视执法司法活动中存在的履职不到位问题，能够充分发挥制约监督作用，督促办案机关纠正错误、补正瑕疵，提高个案办理质效；针对苗头隐患提出规范执法司法和完善制度机制的建议，能够从根源上促推办案质效整体提升。

应勇检察长多次强调，控告申诉检察是检察机关法律监督工作的“富矿”，要重视反向审视功能，反思检察机关在履职办案中的问题和不足，倒逼检察机关不断提高法律监督质效和服务群众能力。控告申诉检察部门是检察机关面对人民群众开展工作、接收控告申诉的专责部门，是检察机关联系人民群众的桥梁纽带，群众反映的急难愁盼问题、涉法涉诉案件在这里汇聚交融，形成“富矿”。2023 年，第十检察厅认真落实院党组和应勇检察长的要求，以反向审视为具体抓手，加强线索梳理、筛选、甄别、初核，检视诉讼活动中存在的问题，助推加强法律监督和检察业务管理。2023 年以来，主要开展了以下工作：

一是抓试点。选取江苏常州等 5 个地区，试点开展为期半年的反向审视工作，十厅加强具体指导，形成试点工作总结报告，为下一步全面推开打下坚实的基础。

二是抓规范。为指导反向审视工作规范、务实、有效开展，我们在总结经验的基础上，启动了控告申诉案件反向审视工作规范性文件的研究起草工作。

三是抓运用。分别对应勇检察长下访接访的两起申诉案件、2020 年至 2022 年最高检监督纠正的刑事申诉案件等开展反向审视，形成反向审视专题报告，提出改进工作的意见建议。目前，我们通过个案审视、类案分析、综合通报等方式全面推开反向审视工作，让高质效办案落地落实。

主持人：2023 年初，最高人民检察院部署开展全国检察机关重复信访积案实质性化解攻坚行动。目前工作进行得如何？接下来，在促进源头治理方面又有哪些新的举措？

那艳芳：自行动开展以来，全国检察机关高度重视、高位推动、高效落实，取得明显成效。其间，最高检向下级检察院交办了1062件重复信访积案，同时要求各省级检察院在最高检交办案件的基础上，进一步加强对本地重复信访案件的自查工作。截至2023年11月，上述1062件重复信访积案，已办结854件，办结率80.4%。其中依法化解820件，化解率为96%。另外，各地自查重复信访积案636件，已化解480件，化解率为75.5%。最高检交办的1062件信访积案已全部落实院领导包案，其中183件三年以上的重复信访积案，均明确由省级检察院领导包案，如重庆市检察院时侠联检察长包案4件、江西省检察院丁顺生检察长包案3件、安徽省检察院陈武检察长包案1件，均依法化解。2023年，全国检察机关重复信访占比27.3%，同比下降约3个百分点，源头治理成效明显。

下一步，要通过检察履职推进信访工作法治化促进诉源治理。按照中央政法委要求，严格执行《信访工作条例》，在预防、受理、办理、监督追责、维护秩序等各环节全面推进检察机关信访工作法治化。要高度重视涉检初信初访，坚持和发展新时代“枫桥经验”，坚持和深化群众信访件件有回复、领导干部带案下访和包案办理等机制，切实提高检察环节矛盾纠纷化解质效。要始终坚持严格依法办案、公正司法，从源头上防止和减少涉检信访发生。

主持人：我们知道，去年中国妇女第十三次全国代表大会上，您当选全国妇联书记处书记。近几年，最高检与全国妇联在妇女儿童权益保障方面也有很多合作，您能向我们介绍一下吗？

那艳芳：妇女是全面建设社会主义现代化国家的重要力量。党的十八大以来，党中央全面加强对妇女工作的领导，推动妇女事业取得历史性成就。党的二十大报告明确指出“坚持男女平等基本国策，保障妇女儿童合法权益”。新修订的妇女权益保障法对检察机关与妇联组织深化合作，提出了新的更高要求。最高检与全国妇联在妇女儿童权益保障方面一直保持着良好的协作联动，也取得了显著成效。

一是联合开展司法救助专项活动。针对一些妇女及其家庭因案导致生活陷入困境的情况，在 2022 年联合开展“关注困难妇女群体，加强专项司法救助”专项活动基础上，2023 年继续推动专项活动深入开展，对防止返贫监测对象的农村妇女等“5+2”类困难妇女进行重点救助。2023 年 1 月至 11 月，全国检察机关共救助困难妇女 1.8 万人，发放司法救助金 1.7 亿元，有力帮扶了生活困难的妇女，有效促进了妇女事业平衡充分发展。最高检与全国妇联于 2023 年 8 月至 9 月赴贵州、云南、广西围绕困难妇女救助相关问题进行了实地调研，积极推广好经验好做法，切实维护困难妇女合法权益。

二是加强对侵害妇女儿童权益行为的打击力度。部署全面加强妇女权益司法保护，依法从严惩处侵犯妇女、儿童人身权利犯罪。发挥典型案例引领作用，发布《妇女权益保障检察公益诉讼典型案例》《维护农村妇女涉土地合法权益行政检察典型案例》等一系列典型案例，深化拓展妇女权益保障，重点监督严重侵害妇女合法权益的违法行为，推动妇女权益保障水平提升。

三是开设妇女儿童信访专用接待窗口。去年 12 月，最高检下发提示，要求全国各级检察机关在 12309 检察服务大厅设置“妇女儿童权益保障”专用接待窗口，要求对于涉及侵犯妇女儿童合法权益、妇女平等就业等控告申诉案件要优先接收、优先移送、优先办理，切实将维护妇女儿童权益工作做在平常、抓在经常、落到基层。

下一步，检察机关将在全链条治理侵害妇女儿童权益问题、举办妇女儿童权益保护检察开放日、配合开展巾帼普法宣传活动、提升妇女儿童权益保护能力素质等方面进一步加强与妇联组织的合作，共同做好妇女儿童维权关爱工作。

主持人：好的，今天我们的访谈就到这里。谢谢那厅长接受我们的采访，谢谢各位网友关注。

Gongzuo Yanjiu
工作研究

新时代检察信访工作法治保障研究

——以北京市 T 区检察院为视角

岳 阳 李雯迪 常赵杰*

检察信访工作是检察机关立足控告申诉检察职能，依托 12309 检察服务中心，对群众通过来访、来信、电话、网络等途径提出的控告申诉、法律监督申请、国家赔偿、司法救助以及法律咨询、工作意见建议等信访事项，统一归口处理并直接面向群众提供受理与否的答复等窗口前台服务工作过程。新时代，习近平总书记对信访工作多次作出重要指示，党中央、国务院相继出台了一系列与信访工作有关的法律法规政策文件，最高人民检察院也对检察信访工作出台了一系列有关司法解释性质文件及工作规范，严格依法按程序处理信访事项成为检察信访工作的首要也是最基本的要求，也使得检察信访工作的法治保障①成为规范检察信访工作的重要方面。

* 岳阳，北京市通州区人民检察院检察委员会委员，第四检察部负责人，四级高级检察官；李雯迪，北京市通州区人民检察院第四检察部副主任，一级检察官；常赵杰，北京市通州区人民检察院第四检察部检察官助理。

① 本文所称的检察信访工作的法治保障，是指与检察机关运用法治方式处理群众信访事项的能力和水平有关的，包括法律规范建设、法治队伍建设、司法执法能力建设等各方面内容在内的系统总称。

一、新时代检察信访工作法治保障的重要意义

（一）增强新时代检察信访工作法治保障，是践行“以人民为中心”发展思想的必然要求

1931 年，江西兴国县高兴区苏维埃政府工农检察部控告局设立了控告箱，并发布告示：“各位工农群众们：还是一切的什么事情都可来这里控告。所写的控告意见书必须要盖好私章才能作效力，没有盖章的概作废纸。而且还要用信套密封好，并且要注明送某机关工农检察部控告局长接收。完了。”[①] 这个控告箱和告示用通俗易懂的语言说明了检察机关信访的受理范围、所需材料的具体要求及信访方式。这是中国共产党领导下的检察机关接收群众信访的开端，也表明检察信访工作从始至终与人民群众紧密联系，其最初使命即是倾听群众心声、为群众解决疑难问题，通过制度化、规范化的程序受理群众信访，体现着“以人民为中心”的理念和要求。

党的十八大以来，党中央多次对检察信访工作作出重要部署。2021 年，中共中央发布《关于加强新时代检察机关法律监督工作的意见》，其中指出，“坚持和发展新时代‘枫桥经验’，健全控告申诉检察工作机制，完善办理群众信访制度，引入听证等方式审查办理疑难案件，有效化解矛盾纠纷”。2022 年党中央、国务院印发的《信访工作条例》为检察信访工作提供了理论指导和实践指引，完善了信访工作规范体系，对提升信访法治化具有重大意义。其中第五条第二项规定信访工作应当遵循的原则之一，即“坚持以人民为中心。践行党的群众路线，倾听群众呼声，关心群众疾苦，千方百计为群众排忧解难”。党的二十大报告将“坚持以人民为中心的发展思想”明确为前

① 《红色基因的检察传承——中国共产党绝对领导下的人民检察 90 年》，载微信公众号“最高人民检察院”，2021 年 6 月 30 日。

进道路上必须牢牢把握的五条重大原则之一，同时要求“加强和改进人民信访工作”。近年来，最高人民检察院持续深化推进群众信访件件有回复制度，要求全国各级检察机关对于群众提出的各类信访事项，均需做到 7 日内程序性回复、3 个月内办理结果或办理进展答复。

在笔者看来，从 1931 年检察信访工作发端伊始到进入新时代，从党中央文件精神到最高人民检察院制定的具体制度，提升法治保障能力和水平、强化规范和制度体系建设、增强服务群众能力，始终是检察机关信访工作孜孜以求的目标，更是践行以人民为中心的发展思想的必然要求。

（二）增强新时代检察信访工作法治保障，是高质效办案的重要要求

案件办理是司法工作影响社会的支点。案件办理质效高，将对社会带来积极影响，群众对司法机关满意度提升，促进法治社会建设；案件办理质效低，则会对社会带来负面影响，导致司法公信力、政府公信力下降，与法治社会建设的目标背道而驰。2023 年，最高人民检察院应勇检察长在全国检察机关学习贯彻全国“两会”精神电视电话会议上强调，要“坚持高质效办好每一个案件，努力实现办案质量、效率与公平正义的有机统一”。高质效办好每一个案件，既需要运用法律专业素养厘清案件事实与证据，让案件质量经得起考验，又要高效化解矛盾纠纷，通过追赃挽损、释法说理等方式让群众真正从案件中感受到公平正义，从而减少涉法涉诉信访，尽量减小甚至填补案件当事人因案件造成的损失。如果案件办理结束后，案件当事人不理解、不认可案件办理过程或结果，认为存在程序或实体上的不公正，坚持不断信访，即使案件确实达到了法律效果，其政治效果和社会效果也不理想，陷入了“就案办案”“机械办案”的窠臼，案件办理的质效仍然不达标。因此，笔者认为，从高质效办好每一个案件的要求来看，

提升释法说理、化解矛盾纠纷的水平至关重要。这就要求不断提升检察信访工作的法治化水平，运用人民群众可接受、可理解的方式，通过科学、规范、合法的程序对群众信访诉求予以答复处理，从而提升人民群众对司法机关的认可程度和对公平正义的感知程度。

（三）增强新时代检察信访工作法治保障，是推进依法治国、完善社会治理体系的时代要求

党的二十大报告提出，要坚持全面依法治国，推进法治中国建设。司法机关是依法治国的重要主体，严格公正司法、增强人民群众法治观念、提升社会治理法治化水平是依法治国的重要方面。检察信访工作正是公正司法与提升群众法治观念的重要环节，检察信访工作的成效同样影响着社会治理法治化的成效。党的二十大报告“完善社会治理体系”一节提出，“在社会基层坚持和发展新时代‘枫桥经验’，完善正确处理新形势下人民内部矛盾机制，加强和改进人民信访工作，畅通和规范群众诉求表达、利益协调、权益保障通道”。群众之所以信访，是由于司法案件所引发的社会矛盾纠纷未能得到全面化解，因矛盾纠纷受损的社会关系未能修复，群众因司法案件受到的人身、精神、财产损失未能得到完全补偿，如一些涉众型经济犯罪案件投资人反复信访原因在于其损失未能完全挽回，一些伤害类案件被害人及其家属反复信访，是由于认为检察机关对被告人提出的量刑建议或法院对被告人最终判处的刑罚与被害人及其家属的预期不相当，使得其在心理上无法接受。因此，为从源头上或者说从根本上化解这些矛盾纠纷，防止出现因司法案件引发的极端行为或舆情事件，防止矛盾上行和扩大，就需要坚持和发展新时代“枫桥经验”，提升检察信访工作的法治化水平，发挥检察信访制度在服务人民群众表达诉求、维护保障权利、监督基层组织执法等方面的作用，依法维护社会和谐稳定大

局，促进社会治理体系和治理能力现代化。

二、当前检察信访工作法治保障存在的主要问题

（一）检察信访工作相关法律规范体系有待进一步更新完善

中共中央和国务院于 2022 年 2 月发布的《信访工作条例》对信访工作的原则、信访工作体制、信访事项的提出、受理和办理程序、监督和追责等内容进行了规定，是新时代信访工作的指导性文件。《信访工作条例》出台后，国务院于 2005 年制定的《信访条例》不再适用。然而，最高人民检察院于 2007 年出台的《人民检察院信访工作规定》系依据国务院《信访条例》制定，虽然处理群众来信部分内容已由 2019 年出台的《人民检察院办理群众来信工作规定》所更新，但是对于群众通过走访、电话、网络或者视频等方式信访的相关规定未作修订和更新，其部分内容与《信访工作条例》的精神和内容、检察机关职能调整的新形势以及检察机关最新工作要求不相适应，无法满足新时代检察信访工作法治化发展的需要。例如，《人民检察院信访工作规定》第三条规定的人民检察院依法处理的信访事项中，第一项为“反映国家工作人员职务犯罪的举报”，而在职能调整后，反贪污、反渎职等职能已不再属于检察机关职能范围，该条规定显然与当前实际情况不符。再如，《人民检察院信访工作规定》第三十二条规定，除信访人的姓名（名称）、住址不清的外，属于本院管辖的事项不能当场答复的，至迟自收到信访事项之日起 15 日内书面告知，不属于本院管辖的信访事项未明确规定答复时限。然而，最高人民检察院提出的“群众信访件件有回复”要求，无论是来信还是来访、来电或网络信访，均需在 7 日内进行程序性答复，在 3 个月内进行结果性答复或进展答复，第三十二条的规定显然与“群众信访件件有回复”的要求不相

适应。

（二）检察信访工作有关制度机制有待进一步健全

从当前检察信访工作现状看，虽然全国检察机关接收的群众信访总量呈逐年下降趋势，但最高人民检察院接收的信访量占比较高，“倒三角”问题仍然突出。[①] 这种情况一方面影响群众信访事项的及时有效处理，另一方面对上级检察机关信访部门造成巨大压力，带来较大信访风险隐患和诸多不安定因素。为解决上述问题，促进信访矛盾解决在基层当地，防止信访上行，最高人民检察院启动了领导包案办理首次信访制度，要求对首次信访的立案监督、刑事申诉、以本院作为赔偿义务机关的国家赔偿案件，均须由院领导包案办理。但是，当前要求必须的包案范围仅限于上述三类案件，而对于现实中信访情况较为突出的民事检察监督、行政检察监督、侦查监督等案件，则不属于必须包案范围；同时，领导包案的程序规定不够明确，能否实现领导包案制度的最佳效果也还有待考究。

此外，《信访工作条例》第十三条规定了信访工作联席会议制度，即在党委和政府的统一领导下，统筹开展本地区信访工作，推动化解重点信访矛盾纠纷，妥善处理各类突出信访风险。但是，当前基层信访局及各委办局、乡镇政府的信访部门数据信息并不互通，对于基层检察机关面临的成因复杂、涉及公检法及人民政府等多机关的矛盾纠纷，群众往往多方信访，各单位间在案件办理、信访处理方面存在信息不对称，一定程度上影响了对矛盾纠纷发展情况的全面掌握、分析

① 参见徐向春、陈鸷成、李高生、于倩：《检察机关信访法治化建设研究》，载《信访与社会矛盾问题研究》2019 年第 4 期。

研判和妥善处置，阻碍了信访工作法治化进展。[①]

（三）检察信访工作“大格局”有待进一步巩固完善

为提高处理涉法涉诉信访问题法治化水平，2014 年中共中央办公厅和国务院办公厅出台《关于依法处理涉法涉诉信访问题的意见》，从原则层面上强调要求实行诉讼与信访分离制度，将涉法涉诉信访事项导入司法程序，依法按程序办理。[②]这是中央第一次正式提出诉访分离的概念。该意见发布以来，检察机关接收的涉法涉诉信访逐年增加。同年，中央政法委出台《关于建立涉法涉诉信访事项导入法律程序工作机制的意见》等三个配套文件，从制度层面上吸收了诉访分离的概念；最高人民检察院出台《人民检察院受理控告申诉依法导入法律程序实施办法》，明确提出应当坚持诉访分离的原则。实践中，从群众信访反映的诉求看，“访中有诉、诉中有访、诉访交织”的情况目前仍比较普遍。而从检察机关内部看，检察机关各内设机构之间，信访部门与办案部门、案管部门、检务督察部门等衔接配合不够顺畅，存在“了解案情的不参与信访工作、做信访化解工作的不了解案情”的问题，一体履职、综合履职还不到位，不利于构建检察信访工作“大格局”。

（四）检察信访工作法治队伍建设还有差距

检察信访工作的直接实践者是检察信访队伍。随着司法体制改革的深入，检察工作的内涵、检察监督的深度和广度都与过去不可同日而语，检察工作与人民群众日常生活关系越来越紧密，群众的信访诉

① 参见高小勇、原佳丽、凌志敏：《新时代基层检察机关信访工作研究——以北京市 D 区检察院为参照》，载《信访与社会矛盾问题研究》2021 年第 4 期。

② 参见陈建华：《试论诉访分离的理论基础、基本原则及其流转程序——以 H 市检察机关近六年信访工作为例》，载《信访与社会矛盾问题研究》2021 年第 1 期。

求可能涉及检察工作各个方面。但是，检察人员的信访接待和矛盾化解能力与群众对检察机关的期待仍有差距。由于考核压力等原因，部分检察人员将更多的精力放在案件办理上，对于群众信访诉求则存在重视不足、能力不够的情况，甚至存在“信访工作应当由控告申诉岗位处理，与案件办理无关”的错误观念，影响司法办案社会效果的达成，也不利于形成检察信访接待化解合力。

在笔者看来，信访接待岗位类似于“全科医生”，需对“四大检察”具体业务均透彻掌握，在倾听、提炼、分析群众的核心诉求后精准适用法律规范，并在规定的时间内用群众听得懂的语言进行答复，将符合检察机关受理条件的信访进行分流处置。这要求信访工作人员具备较为全面的检察业务能力和较好的逻辑分析、沟通协调和语言表达能力，同时对不同类型的信访人均保持理智、客观和耐心。但是从现实来看，一方面，队伍人才梯队建设不完善，部分地区基层检察机关信访接待队伍有年龄偏大、人数较少、检察官占比过低等特点，工作强度较大，这可能导致检察信访工作仅局限于接待和答复的过程，制约了工作创新和业务面拓展。[①]另一方面，队伍人才能力建设不完善，很多信访接待人员没有民事检察、行政检察或公益诉讼检察的工作经验，无法独立、及时、有效地处理群众提出的此类信访诉求；及时有效处置信访风险的能力尚有不足，部分干警面对集体访、极端访等特殊情况的临场反应、应急处置能力不能满足要求，基本的急救知识和技能尚不具备，影响了妥善有效处置的效果。

① 参见宋丹：《新时代背景下基层检察信访工作的困境与对策——以 L 区检察院信访工作为视角的考察》，载《四川省干部函授学院（四川文化产业职业学院）学报》2022 年第 2 期。

（五）当前群众依法信访、依法维权的意识稍显不足

随着普法工作的持续推进，人民群众法治意识不断增强，法治需求和维权意识不断增加。当前检察机关接收的信访中非涉法涉诉案件仍占有一定比例，其原因为部分群众对检察机关职能和管辖权限认识不足，认为检察机关的法律监督职能可以涵盖所有行政机关和司法机关的全部行为，要求对一些不属于检察机关管辖的事项予以监督。另外，部分群众缺乏依法维权、依法信访的意识，存在“信访不信法”“信上不信下”等错误观念，对于申请检察监督的程序等不了解，导致出现因频繁信访耽误诉讼时效从而失去诉讼权利、多次向上级检察机关信访却无法实质性解决问题、前往多个机关却未能顺利进入司法程序等情况，影响群众维护权利过程中对司法程序和司法公正的感知，降低司法公信力，甚至可能增加网络炒作、缠访闹访等极端事件风险隐患，损害社会和谐稳定。①

为维护自身权益，部分群众选择委托专业律师申请检察监督、撰写监督申请书、与检察机关进行沟通交流等，可以按照法律程序和管辖规定为信访群众提出意见建议，也可以在办案过程中与检察人员在法律层面深入探讨，降低事实梳理、证据认定、释法说理的难度，能够提升检察信访法治化水平。但是，当前律师参与信访的比例仍较小，部分群众缺乏委托律师的主观意识和经济能力，有些年龄较大或身患残疾的信访人往往独自信访，不利于保障自身权益、促进矛盾纠纷实质性化解。

---

① 参见刘继祥等：《涉法涉诉信访工作实证调研——以山东省枣庄市检察机关接访为样本》，载《人民检察》2017 年第 2 期。

三、强化新时代检察信访工作法治保障的路径建议

（一）更新完善检察信访工作相关法律规范体系

一是更新修订《人民检察院信访工作规定》。按照党中央关于信访工作的指示要求，结合《信访工作条例》的精神内核和检察机关职能定位，明确信访受理范围、管辖权限和办理流程，并将群众信访件件有回复、院领导包案办理首次信访、在信访窗口开展简易公开听证[①]、重复信访积案化解、"三色信"信访办理机制等制度融入其中，细化处理群众来访、来电、网络、视频信访等的操作流程和处置规范，使之成为检察机关办理群众信访的"百科全书"。

二是进一步完善不同类别控告申诉案件受理和办理相关法律规范。及时根据民事诉讼法、行政诉讼法的最新修正案更新《人民检察院民事诉讼监督规则》和《人民检察院行政诉讼监督规则》；同时，根据刑事诉讼法、《人民检察院刑事诉讼规则》的精神和内容，以司法解释或内部规范等形式对侦查活动监督等申请的受理条件和办案程序进行细化，尤其是对于群众信访较多的侦查进展缓慢等情况，明确受理标准，厘清监督方式，更加清晰地为检察机关办理依申请监督案件提供指引，更加有效地维护群众合法权益。

三是积极探索拓展案件化办理涉法涉诉信访制度适用范围。上海市检察机关将决定信访终结案件、建议信访终结案件和控告自办案件三类案件运用案件化方式进行办理。[②]可以在调查研究该制度在部分地区运用成效的基础上，将该制度推广至全国范围，并通过内部规定

---

① 参见王晓岚、宋珊珊：《论涉法涉诉信访案件公开听证制度的完善——以控告申诉检察工作为视角》，载《犯罪研究》2020 年第 5 期。

② 参见严忠华、王玮、樊亚宁：《检察机关案件化办理涉法涉诉信访的实证分析——以上海浦东新区检察院工作实践为样本》，载《中国检察官》2020 年第 22 期。

等加以完善，明确立案标准，规范办理流程，要求全程留痕，严格办结程序，提升涉法涉诉信访事项办理的法治化水平。[①]

（二）健全检察信访工作制度机制

一是完善转办、交办、督办工作机制。明确对最高检接收的属于下级检察机关管辖的信访事项，转具有管辖权的检察机关办理；对于其中的重点案件开展交办或督办，要求下级检察机关及时报送案件办理进展及结果。如此，可以疏解信访“倒三角”压力，加强上级院对下级院指导、监督，提升信访办理质效。

二是完善院领导包案办理首次信访制度。拓宽包案范围，将侦查活动监督、民事诉讼监督和行政诉讼监督等群众信访量较大的案件纳入必须包案办理范围。同时，规范领导包案程序，将包案领导、案件承办人和信访接待人员在案件办理中所需承担的工作任务和责任分工加以明确，促进各角色间互相配合高效办理。

三是建立检察长常态化接访、重点时期每日在岗接访制度。制定检察长接访时间安排表，并在醒目位置予以公示。以解决群众急难愁盼问题为目标，选择群众反映强烈、案情疑难复杂的重复信访案件由检察长亲自接访，说法理、谈情理、讲道理，积极运用“领导包案+公开听证+救助帮扶”三位一体机制，推动实现事心双解、息诉罢访。发挥以上率下、示范引领作用，建立院领导办信批转跟踪机制，对于检察长阅批、办理信件，由检察长作出批示、承办人请示汇报、检察服务中心协调督促，确保信访矛盾及时就地化解。

四是强化与其他机关之间协调配合，形成化解合力。深化“12345+12309”联动工作机制，主动融入区域信访联席工作机制，与区公安、

① 参见王晓岚：《检察机关信访事项处置办案化研究》，载《检察调研与指导》2018年第3期。

区法院联动协作，引导群众规范信访行为、合理表达诉求，推动信访矛盾在法治轨道上妥善解决。与区信访办与街乡镇沟通配合，就重点信访事项与属地镇政府等单位沟通协调，实时掌握信访动态，深入开展带案下访，为群众解决生活困难，推动矛盾争议实质性化解，以法治之力促进乡村振兴。

五是深挖信访“富矿”助推执法司法制约监督机制完善。牢固树立“信访是送上门的群众工作，也是送上门的法律监督工作”意识，强化大数据赋能观念，有效整合和挖掘信访数据、执法办案数据、12345市民热线数据，及时发现并移送各类违法犯罪线索和法律监督线索、司法救助线索，助力法治政府建设，提升诉源治理效能。

（三）构建检察信访工作“大格局”

做好信访工作，检察机关应该聚焦检察职能，注意区分哪些信访案件是在检察办案中引发的，哪些是经控告申诉可能导入法律监督程序的，区分重点，分类施策。严格按照“诉访分离、统一受理、分类导入、保障诉权、及时高效”的原则办理。推进整合信访工作力量，形成“控申部门主导、谁办案谁参与信访矛盾化解”的信访工作格局，充分发挥检察服务中心作为化解矛盾主阵地作用，坚持以人民为中心的发展思想，当好“诉”“访”矛盾的“分流器”，准确甄别控告、申诉的性质和类别，严格按照管辖规定，在规定期限内审查受理分流。同时把好矛盾化解“第一关”，对于属于“访”的事项，依照信访工作程序处理，对于能够当场处理的，力争在窗口当场化解。

（四）加强检察信访工作法治队伍建设

坚持党建引领检察信访工作，强化“检察环节信访工作质效好不好，关键看党建引领和党员先锋模范作用发挥得好不好”意识，注重党建引领，引导党员将先锋模范作用体现在信访工作上，体现在推动社会矛盾化解上，以党建工作促进信访工作高质效发展。在充分调研检察信访队伍构成的基础上，适时增加人员力量，优化年龄层次，提升检察官占比，选派办案经验丰富、精力充沛的检察官主导检察信访工作，选派亲和力强、具有群众工作经验的检察辅助人员开展检察信访工作，提升检察信访队伍整体素质。[①] 创新服务评价反馈机制，邀请所有来访群众填写接待满意度调查问卷，结合群众意见针对性提升服务水平。将群众评价反馈情况、信访处理情况等作为检察人员绩效考核依据，健全并落实奖惩机制，激励检察信访工作人员提升业务能力和服务标准。

加强业务培训，将检察信访理论知识和实际问题作为日常必学内容，依托"检察官教检察官"、跨部门业务培训、检律同堂培训等有效形式，定期组织内外联动的培训交流，邀请负责其他业务的检察官、信访部门工作人员、法官、警察、律师等开展培训交流活动，切实增强检察信访人员对不同检察业务的理解程度和运用能力，提升检察信访服务针对性和有效性。提升检察信访人员应急处置能力，全面分析研判信访场所可能出现的紧急情况，针对性制定应急处置指引，开展全要素全系统应急演练，明确主管领导、部门负责人、接待人员、法警、保安等主体应急处置责任，理顺应急处置流程，全力保障信访群众健康安全。选派干警参与急救专业培训班，熟练掌握 AED 自动体外除颤仪、急救包等专业器具使用规程，确保专业急救知识成为接待人员"标配"，增强妥善处理紧急情况的能力和水平。

（五）加强普法宣传工作，提升群众依法信访意识

将 12309 检察服务中心升级为普法平台，通过 LED 屏幕播放法律

① 参见徐向春：《深化群众信访"件件有回复" 推动控告申诉检察工作高质量发展》，载《中国检察官》2022 年第 13 期。

宣传片、法律规定原文；印发群众信访手册，普及检察机关职能、信访事项办理流程、申请监督所需材料清单、申请书模板等，让群众“一册在手，办事不愁”。创新普法形式，通过宣传片、漫画等新颖方式宣传《信访工作条例》《人民检察院信访工作规定》等法律规定，强调依法信访、依法维权的重要意义，说明违规信访可能对自己和他人产生的严重后果，提升群众遵守法律的意识。开展普法进乡村、进社区活动，以集资诈骗、非法吸收公众存款等常见信访事项为例，提升群众识别犯罪、杜绝犯罪的能力，将信访风险遏制在源头，将信访矛盾化解在萌芽。

借助第三方力量参与普法及矛盾化解工作，邀请经验丰富的律师、人民监督员、心理咨询师等第三方主体参与简易公开听证、上门听证等矛盾化解工作，以第三方的视角分析信访诉求，给予法律、心理咨询等专业意见，帮助信访人解开心结。[①] 扩大法律援助覆盖面，将年龄较大、身患残疾、生活困难等信访人纳入法律援助范围，派遣法律援助律师协助控告申诉，帮助信访人维护合法权益。

---

① 参见上海市闵行区人民检察院课题组：《涉法涉诉信访源头治理机制的构建与完善——以检察机关参与基层社会治理新格局为视角》，载《中国检察官》2020年第21期。

检察信访矛盾法治化实质性化解工作探讨

冯　忠　张春凤　戚方丽*

信访制度作为我国社会民众参与社会治理的一种方式，关系到民心凝聚、社会稳定和党的执政根基，体现了中国特色社会主义制度的优越性。随着我国经济社会的不断发展以及社会结构的调整、人民权益意识的提高以及思想观念的深层次变革，现阶段信访矛盾呈现出新的特征。如何在法治的轨道上探索实质性化解信访矛盾，从众多的信访矛盾中找寻普遍性规律，积极推进信访工作机制创新，推动信访矛盾源头预防和有效化解，是检察信访工作面临的时代课题。本文从检察信访矛盾法治化实质性化解工作的重要意义、存在的现实问题及其成因、提升检察信访矛盾法治化实质性化解应树立的基本理念和落实的具体措施等方面展开论述，以期对改进检察信访矛盾法治化实质性化解工作有所裨益。

一、检察信访矛盾法治化实质性化解的意义

党的二十大报告中指出："人民民主是社会主义的生命，是全面建设社会主义现代化国家的应有之义。"检察信访矛盾法治化实质性

---

* 冯忠，山东省单县人民检察院党组成员、副检察长；张春凤，山东省单县人民检察院第六检察部副主任，二级检察官；戚方丽，山东省单县人民检察院第六检察部检察官助理。

化解体现社会主义制度的“人民性”特征。信访化解工作是国家机关联系民众的桥梁和纽带、社会的“减压阀”，是国家治理的重要途径与方式，直接关系到民心的凝聚和社会的稳定，关乎党的执政根基和治国之本。2022年2月，中共中央、国务院印发的《信访工作条例》重申：“信访工作是党的群众工作的重要组成部分，是党和政府了解民意、集中民智、维护民利、凝聚民心的一项重要工作。”在全面依法治国进程中，实现信访工作法治化、推进信访矛盾法治化实质性化解，是以检察工作现代化服务中国式现代化的重要举措。随着社会结构的调整、人民权益意识的提高，信访矛盾化解工作呈现出新的规律。现阶段信访矛盾化解工作取得一定成效，但值得注意的是，信访矛盾仍然是我国经济社会中一个突出的矛盾，且具有时代特征性与长期持续性。

检察机关作为法律监督机关，检察信访工作是检察机关联系人民群众的桥梁和纽带，是倾听群众呼声、体察民生疾苦，强化法律监督、维护公平正义的重要窗口和有效途径。[①] 检察机关通过办理控告申诉案件，开展公开听证、司法救助、反向审视等工作，对于在法治的轨道上推动检察信访矛盾得到实质性化解，真正让人民群众体会到司法公正和司法温暖，传递司法温情，具有重要意义。

二、当前推进检察信访矛盾法治化实质性化解中的不足

检察机关处理的信访案件中，有相当一部分案件年代久远，跨多领域、涉多主体，案情复杂，其中重复信访案件占比较高，实质性化解难度大，“案结事未了”的情形普遍存在。在笔者看来，现阶段推

① 参见陈国庆：《以习近平法治思想为根本遵循 努力取得集中治理重复信访专项工作优异成绩》，载《人民检察》2021年第6期。

进检察信访矛盾法治化实质性化解过程中，主要存在以下几个方面的不足。

（一）信访案件跨多领域、涉多主体，结构性矛盾突出

司法实践中，信访问题从信访性质划分有申诉维权类、检举控告类、建议咨询类；从信访内容划分有涉法涉诉、农村土地征用、城镇拆迁安置、国有企业改制、“三农”问题、历史遗留“工资待遇”问题等。这些信访问题本身较为复杂，不同时期的政策调整、涉及工作的不可逆等原因导致信访人的诉求很难得到及时有效的回应。这些问题都与群众的切身利益密切相关，其中多数又与经济体制深刻变革、社会结构深刻变动带来的利益格局深刻调整密不可分。改革所带来的结构性矛盾已经成为当前社会突出的矛盾，而且随着改革的不断深化，一些深层次矛盾还在不断显现，这些矛盾纠纷将以信访的方式继续呈现。

（二）重复信访占比高，案件终结难度大

新时代，信访方式、信访渠道具有多元化，社会治理方式的深层次变革，检察机关作为国家法律监督机关的特殊属性，已成为大量结构性矛盾的接收终端。在接访过程中发现部分信访人法律素养不高、沟通困难，涉访案件已经穷尽诉讼程序，原案认定事实和法律适用均无错误，信访人依旧坚持信访，从而形成重复信访案件。随着网络举报、电话投诉、邮寄信件等信访形式的多样化，信访成本相对降低，进而助推了信访人多次多头进行信访，造成了重复信访案件指数级增长。这类重复信访案件，大多已经穷尽法律诉讼程序，但“案结访不结”的现象尤为突出。相较普通信访，重复信访人的心理预期较高且呈现出对工作人员的极端不信任，这对相关工作人员的专业素养以及矛盾化解的方式方法都提出了较高的要求，导致案件终结难

度大。

（三）信访方式异化，极端信访多发

信访矛盾案件从信访者的目的来看，有的是为了维护自己的合法权益，而有的则是为了谋取个人额外利益。谋利型信访往往是信访人为了极力争取额外利益，采取越级、串联、要挟等非正常的方式进行上访。有的信访人甚至产生极端心理，为达目的不择手段，无理缠访闹访，地方政府及相关接访部门疲于应对，耗费大量的人力、物力。有的极端信访案件与刑事犯罪交织，个别信访人在遭受刑事打击后，信访方式方法进一步升级，多表现为隐匿越级信访、多头信访，这类信访案件化解往往以数十年为周期，信访人反复无常，信访诉求不断“升级加码”，信访矛盾越发尖锐。

三、原因剖析

信访矛盾问题是一种复杂的社会现象，信访案件的产生往往是多个因素共同作用的结果。主要有以下几个方面的因素。

（一）历史传统造成的“信访不信法”

我国著名社会学家费孝通先生在《乡土中国》中提到“从基层上看去，中国社会是乡土性的”；同时，他还提出“在乡土社会中法律是无从发生的”[①]。对此我们可以总结出，从近现代意义上的法治来讲，中国的法治不是内发型的，中国的乡土社会特色没有产生法治的内源性动力。在乡土社会进入现代化的过程中，我们摆脱不了久远厚重的历史，换句话说，我国的历史传统很难给老百姓带来一种在遇到纠纷主动寻求法律途径来解决的社会环境，反而受传统“告御状”的影响，

① 费孝通：《乡土中国》，人民出版社2015年版，第7页。

信访人信访不信法。“老百姓信访不信法的思维还没有从根本上扭转，全民法治信仰的树立仍需久久为功。”[①] 同时，信访人特别是重复信访人之所以常年选择信访而不选择信法，本质上是从自身利益出发，权衡利弊得失的结果。司法实践中诉讼时间长，案件执行难，诉求难以真正实现。而信访直接且成本较低，信访人更愿意采取“短平快”的信访方式实现。部分司法案件处理结果与社会期待的出入，造成司法公信力在一定范围内的下降，也使得信访人不愿意选择通过诉讼程序解决问题，从而增加了信访量。

（二）信访各职能部门间未形成有效的沟通协作机制

进入检察环节的信访案件中，信访人的诉求往往需要多个职能部门联合办理，如赔偿损失、恢复身份待遇等诉求，需要相关职能部门的协同参与。在以往的信访工作实践中，由于信访矛盾化解机制不健全，责任不明确，部门之间相互推诿，导致问题久拖不决，产生“滚雪球”效应。另外，信访人在信访过程中往往致力于寻求更高级别的行政、司法机关介入，但大多数信访案件症结在基层，解决根本还在基层。上级受理部门往往对事实了解存在于当事人口述以及程序性文书，对案件的关键实质性内容不能准确把握，使得信访人多次信访仍得不到预期效果，这样也就造成了信访人抱着多一个部门多一份希望的想法去多个部门反映问题的多头信访。因此，对于涉及多部门的信访事项，如果部门间未能形成有效的沟通协作机制，就容易导致信访反映的问题久拖不决，信访矛盾长期得不到化解。

---

① 张纵华：《为中国法治贡献力量》，载中国法院网，https://www.chinacourt.org/article/detail/2021/12/id/6450092.shtml。

（三）接访人员化解矛盾能力不足

就笔者所在地区而言，检察机关接访力量还相对比较薄弱。检察机关12309检察服务中心的接访人员无论是知识储备还是年龄结构等方面，都亟须加强。涉法涉诉信访案件持续增多，矛盾无法在诉讼程序中得到解决进而催生信访案件。有些信访案件和问题的处理既需要法律知识，也需要其他领域的专门知识，而有些负责接访的同志看到案件材料往往是一头雾水，无法理解，更谈不上在第一时间为信访人答疑解惑。特别是近年来随着金融类、网络型犯罪的大幅度提升，需要同时具备法学、计算机、金融知识的复合型专业接访工作人员来处理这些信访矛盾。因此，信访形势的严峻性、信访事项的复杂性及相关人才储备的匮乏，对当前检察机关接访干部队伍化解信访矛盾的工作能力水平产生了挑战，检察信访矛盾法治化实质性化解工作亟待注入新的生力军。

四、推动检察信访矛盾法治化实质性化解的建议

信访矛盾是一个持续不断变化的过程，每一个矛盾纠纷都有自己特有的产生原因、性质特点等，也都有自己的解决途径。现实中，不可能存在一个解决所有信访矛盾的通用公式，也不可能有一劳永逸的方法。笔者认为，检察信访矛盾法治化实质性化解工作应从宏观上树立正确的司法理念、微观上落实高效务实的化解举措两个方面去努力。

（一）提高站位，强化检察信访矛盾法治化实质性化解理念

1. 坚持以人民为中心，加大对检察信访矛盾法治化实质性化解重要性的认识。习近平总书记指出，要“把人民拥护不拥护、赞成不赞成、高兴不高兴、答应不答应作为衡量一切工作得失的根本标准”。做好检察信访矛盾法治化实质性化解工作应坚持“以人民为中心”的

理念，充分认识到信访矛盾化解是推进国家治理体系和治理能力现代化的关键所在，是检察机关坚持为大局服务、为人民司法、为法治担当的重要一环。12309 检察服务中心作为司法机关的窗口，一定程度上代表着司法权威、司法公信力，相关工作人员在开展化解工作时，更要始终秉持“国之大者”的工作理念，坚持“如我在诉”的信访工作思路，站稳人民立场，恪守为民情怀，倾心为民履职，不断加大接访工作人员对检察信访矛盾法治化实质性化解重要性的认识，切实把“以人民为中心”理念落在实处。

2. 借鉴“枫桥经验”，探索检察信访矛盾纠纷多元化解新路径。“枫桥经验”作为党坚持用群众路线正确处理人民内部矛盾的实践经验，是新时代化解信访矛盾问题的指向标，对检察信访矛盾法治化实质性化解工作具有指导意义。我们应坚持和贯彻新时代“枫桥经验”，突出矛盾纠纷源头治理，努力将信访矛盾解决在基层。目前，一些基层院在社会治理任务重的重点乡镇设置了派出检察室，延伸法律监督触角，我们要继续充分发挥这些基层机构的作用，坚持以属地管辖为原则，尽力将纠纷化解在基层，全力实现“矛盾不激化、信访不上行”。

3. 坚持诉访分离原则，实现信访法治化。党的二十大报告提出“在法治轨道上全面建设社会主义现代化国家”。检察信访矛盾法治化实质性化解工作作为国家治理方式的一个组成部分，同样需要坚持运行在法治轨道上。按照涉法涉诉信访工作机制改革的总体要求，严格实行诉讼与信访分离，对不属于涉法涉诉的信访事项引导信访人按照规定程序向信访部门提出，把属于涉法涉诉的信访案件纳入法治轨道通过诉讼程序解决，不断推进实现信访法治化。

4. 切中信访诉求实质，完善并准确适用依法终结制度。坚持认真识别信访诉求性质，在法律框架下解决问题，完善并准确适用信访矛盾问题依法终结制度。进一步明确依法终结的范围、适用合理的终结方式，以终结促息诉息访。对“法律问题解决到位、解释疏导教育到位、生活困难帮扶到位”的信访案件依法予以终结。对于依法终结的信访问题，不断完善事后救济制度，持续进行关注，真正实现“案结事了人和政和”。

5. 聚焦青年干部培育，加强接访干部队伍专业化建设。针对 12309 检察服务中心接访工作人员开展专项培育，力求打造一支政治素质和专业本领过硬的接访干部队伍。坚持实战、实用、实效导向，提高接访干部的法治思维和情感同理心，不断提高接访工作人员的接访能力和化解信访矛盾的水平。优化基层检察机关接访干部队伍结构，以老带新“传帮带”，丰富人才储备。建立追责机制倒逼接访干部队伍强化责任意识，对因处置不当出现严重舆情等问题的予以问责。

（二）多措并举，落实高效务实的信访矛盾化解机制

1. 着力加强部门联动，共建检察信访矛盾法治化实质性化解新格局。信访问题的复杂性决定了信访矛盾化解需要各信访职能部门通力合作。各信访部门搭建信访信息共享平台，汇集信访人信息，形成信访人信访路径、信访难点等信息，为矛盾化解贡献集体力量。检察机关应主动与党委、政府、政法委、矛盾调解中心对接，针对涉及跨类型、跨部门的复杂信访事项，共同开展释法说理等工作，促进矛盾纠纷化解。针对重复性信访积案，联合信访人所属地政府、涉及部门，建立专班化解小组，凝聚合力，充分化解矛盾。

2. 大力开展检察听证，以群众可感可触的方式推动检察信访矛盾法治化实质性化解。利用公开（简易）听证的形式，提升检察信访矛盾法治化实质性化解的公信力。检察长带头主持听证，将领导包案与简易公开听证相结合，发挥“头雁”效应，加强示范引领。积极推动

开展上门听证，根据案件具体情况，将简易听证会开进乡村、社区、企业，在矛盾化解的同时，开展普法宣传。在听证员的选取方面，要建立健全听证员人才库，从法律、心理咨询等各领域专家及各乡镇、街道群众工作能力强的党员、群众代表、调解员中组织选聘，采取人才库“随机＋特定”抽选机制，快速便捷确立合适的听证员。通过召开听证会的形式，将信访人的心理疑虑最大限度地予以化解，从而达到进一步化解信访案件的目的。

3. 持续加强司法救助，以检察温情纾解信访人激愤情绪。对于通过诉讼程序确实无法获得救济而且生活困难的涉法涉诉信访人，充分发挥司法救助功能，实现司法救助抚慰被害人、化解社会矛盾、促进社会治理等方面作用，做好矛盾化解“后半篇”文章。[①] 对于进入检察环节且符合司法救助条件的信访人，应主动告知司法救助权利，及时启动司法救助程序，确保“应救尽救”“应救即救”，帮助救助申请人渡过难关。积极开展多元救助帮扶，联合相关部门进行综合帮扶，通过指导就业、学业帮扶等措施实现一次救助，长期帮扶。建立“跟踪回访＋动态监测”机制，对救助人开展定期回访，了解其生活、心理状态，预防再次信访，纳入信息化监测轨道，对救助人生活困难定期测评，防止再次因返贫而进入信访流程。

4. 动员社会广泛参与，积极寻求检察信访矛盾法治化实质性化解新方案。信访问题涉及多元领域，诉求不同，涉及的部门和法律法规、政策也不同。专业化人才的储备不足，借助社会力量来为矛盾化解工作助力是必然的趋势。引入律师等具有专门知识的专业人才等第三方人员，运用专门的知识，对信访人的诉求和信访案件进行评估，有力

① 参见姜昕、徐向春、韩旭、王志明、崔议文：《“包案＋听证＋救助”三位一体实质性化解信访矛盾的机理及推进》，载《人民检察》2022年第21期。

地推动信访矛盾的实质性化解。实践中，部分上访人诉求已经得到了不同程度的解决，甚至已经超出上访人心理预期，但长达数年甚至数十年的信访历程使信访异化为谋利手段，并形成心理依赖。诉求得到解决后，信访人仍会进行“上访”，这种活动可能已经成为固定的生活模式。这样的“心病”需要专业的心理咨询师来介入治疗。适度引入社会力量参与，比如利用可靠的邻里、人民调解员等，一方面可以更充分地利用这种朴素的信任关系做好信访化解工作，另一方面也能够交换不同的思路意见探寻新的信访化解途径。

5. 切实强化数字赋能，依托信息化平台助推检察工作现代化。为实现检察信访矛盾法治化实质性化解，应积极落实“业务主导、数据整合、技术支撑、重在应用”的数字检察工作部署，“建立矛盾预警机制，按照警示在前、关口前移、防范在先的原则，及时察觉矛盾并掌握矛盾化解的主动权，做到发现得早、控制得住”[①]。信访矛盾化解各职能部门成立专业化的数字人才队伍，以数字化检察工作为依托，通过数据建模赋能信访矛盾化解工作，建立信访矛盾化解智慧平台，加大对信访信息的研判力度，通过信访大数据与规范化建设等模型和机制设计，形成对信访矛盾信息的准确获取、精准分析、详细研判，实现信访问题的“精准化识别”，变被动化解为主动排查、类案筛查，变事后化解为提前预防、源头清理等，切实提高法治化实质性化解检察信访矛盾的效率，从而在源头上预防和解决潜在的社会矛盾。

① 薛正俭：《化解涉检信访矛盾路径探索》，载《人民检察》2016 年第 5 期。

控告申诉检察工作现代化发展实务研究

——以践行新时代“枫桥经验”为视角

毕科明　杨　萍*

控告申诉检察是中国特色社会主义检察制度的重要组成部分，也是人民信访工作的重要内容。准确理解新时代“枫桥经验”的内涵，找准新时代“枫桥经验”与控告申诉检察工作的内在联系，是控告申诉检察践行新时代“枫桥经验”，引领化解检察信访矛盾纠纷、促进社会和谐稳定、服务经济社会发展，推动控告申诉检察工作现代化发展的重要方面。本文在系统梳理新时代“枫桥经验”与控告申诉检察工作之间的关系基础上，结合笔者所在地区检察机关践行新时代枫桥经验的实践困境，有针对性地提出了引领控告申诉检察工作现代化发展的实践路径，以期为推动新时代控告申诉检察工作现代化发展提供参考借鉴。

一、新时代“枫桥经验”与控告申诉检察工作现代化高度契合

（一）新时代“枫桥经验”的形成和发展

一般认为，“枫桥经验”是浙江省诸暨枫桥等地干部群众于20世

---

* 毕科明，吉林省长春市汽车经济技术开发区人民检察院分党组书记、检察长；杨萍，吉林省长春市汽车经济技术开发区人民检察院第三检察部负责人、检察委员会委员，一级检察官。

纪60年代初首创的、依靠群众化解矛盾的一种好做法，经1963年毛泽东同志批示肯定，总结提升为“枫桥经验”。习近平总书记多次就坚持和发展“枫桥经验”作出批示，发表了多篇关于“枫桥经验”的讲话或与“枫桥经验”相关的文章，逐渐形成了新时代“枫桥经验”。党的二十大报告提出，在社会基层坚持和发展新时代“枫桥经验”，及时把矛盾纠纷化解在基层、化解在萌芽状态。在笔者看来，新时代“枫桥经验”是在党的领导下，继承枫桥等地人民创造和发展起来的，融合化解矛盾、促进和谐、引领风尚、保障发展等一整套行之有效且具有典型意义、示范作用的基层社会治理方法，包括党建统领、人民主体、自治德治法治“三治”结合、共建共享、平安和谐等基本元素，具有鲜明的社会“治理”特征。①

（二）新时代“枫桥经验”与控告申诉检察工作现代化关系紧密

一方面，新时代“枫桥经验”与控告申诉检察工作现代化的目标具有同向性。“枫桥经验”自身所具备的矛盾化解的方法和智慧与新时代检察机关特别是控告申诉检察所追求的信访矛盾纠纷实质性化解，做到“案结事了人和”，高质效办理每一个司法案件，实现政治效果、法律效果、社会效果有机统一的目标具有相同的指向。另一方面，新时代“枫桥经验”与控告申诉检察工作现代化的内涵具有同质性。新时代“枫桥经验”蕴含的党建引领、人民主体、自治德治法治“三治结合”、共建共治共享、平安和谐等基本元素，与控告申诉检察工作现代化发展的要求之间，具有天然的同质性。

① 参见中国法学会“枫桥经验”理论总结和经验提升课题组：《“枫桥经验”的理论构建》，法律出版社2018年版，第80—81页。

（三）新时代“枫桥经验”对于控告申诉检察现代化发展具有重要指导意义

习近平总书记强调，要坚持和发展新时代“枫桥经验”，完善正确处理新形势下人民内部矛盾机制，及时把矛盾纠纷化解在基层、化解在萌芽状态。[①]《中共中央关于加强新时代检察机关法律监督工作的意见》明确提出：“坚持和发展新时代‘枫桥经验’，健全控告申诉检察工作机制，完善办理群众信访制度。”落实习近平总书记的重要指示和中央决策部署，是控告申诉检察工作现代化的必然要求。新时代“枫桥经验”作为党领导的具有中国特色的基层社会治理的成功经验和矛盾化解的有效方法，为控告申诉检察工作现代化提供了理论支撑、方法论指导、化解矛盾的工作方式方法借鉴。

二、控告申诉检察践行新时代“枫桥经验”的实践困境与挑战

（一）部分基层控告申诉检察人员对新时代“枫桥经验”的认识有待提高

近年来，控告申诉检察部门一直在强调学习借鉴“枫桥经验”，但多是原则性要求，实践中，部分基层控告申诉检察人员对新时代“枫桥经验”是什么，以及如何以新时代“枫桥经验”为指导做好矛盾化解工作等，还比较缺乏系统、全面的研究思考，有的甚至对新时代“枫桥经验”存在片面性的错误认识，认为检察机关作为法定的国家法律监督机关，严格依照法律规定行使法律监督职责，检察机关履职具有极强的专业性，这与本质上为非专业性的“枫桥经验”之间存在张

① 《习近平在参加江苏代表团审议时强调　牢牢把握高质量发展这个首要任务》，载《人民日报》2023年3月6日，第1版。

力，“枫桥经验”对检察机关缺乏“普适性”。①

（二）个别检察人员在践行“以人民为中心”上存在差距

新时代“枫桥经验”的核心价值在于以人民为中心，即相信群众、依靠群众、服务群众。控告申诉检察工作践行新时代“枫桥经验”，就是要以“如我在诉”的理念，高质效办好每一件控告申诉案件，让公平正义能感受、可感受，感受得到。实践中，有的基层控告申诉检察人员不能换位思考，体察群众疾苦，满足于不再来访，没有真正为信访群众解决难题；有的存在“就案办案”的问题，不能综合运用多种方法解决矛盾纠纷，更难以类案监督、制发检察建议等形式深度参与社会治理，致使对待上访群众虽然“来有迎声，去有送语”，但最终矛盾纠纷没有化解。

（三）部分地区检察机关与有关单位尚未真正形成多元共治格局

多元共治是新时代“枫桥经验”的重要内容，也是检察机关实质性化解矛盾纠纷的制度优势。实践中，部分地区还存在着“行政隔阂”和“数据壁垒”，没能形成党委统一领导，政法部门、信访部门、律师团队、法律志愿者等法治主体参与，把矛盾化解在基层的多元共治局面。如各类诉讼和非诉讼解决纠纷的方式分工不明，有的矛盾纠纷不能合理分流，案件办理不能有效衔接。特别是随着经济社会发展，各种新型犯罪不断出现，检察机关与其他有关部门之间协作不紧密，就还有可能引发新的矛盾，如工商、医疗、食品药品安全等领域矛盾激增，化解这些矛盾检察机关并不“专业”，而检察机关很难调动有关部门参与化解矛盾纠纷。有的基层检察机关在办案环节与其他政法

① 参见四川省成都市金牛区人民检察院课题组：《新时代“枫桥经验”与社会治理创新——以基层检察机关司法实践为视角》，载刘昕杰主编：《四川大学法律评论》（第 19 卷），法律出版社 2020 年版，第 27 页。

机关的协作大多停留在推进诉讼顺利进行的层面，对案件背后的矛盾化解工作关注还不够，检察机关与其他政法机关共同化解矛盾的工作机制还存在薄弱环节。

（四）不少地区检察机关在借力大数据赋能做群众工作方面亟待加强

数字时代，大数据、区块链、人工智能等已广泛运用到社会生活的各个领域，“在不断改变人们生活和交往方式的同时，也深刻影响着人们的行为和思考方式以及价值观念和道德观念，并带来潜在风险”①。一方面，出现了新的犯罪形式，也极易引发新的矛盾纠纷；另一方面，人民群众对检察机关控告申诉检察工作提出了新的更高的要求，有了更多的期待。如何用大数据思维、大数据方式办案、化解矛盾，以新时代“枫桥经验”为引领，做好新形势下的群众工作，对检察机关特别是控告申诉检察工作提出了新的挑战。面对数字时代，控告申诉检察工作部门检察人员知识准备不足，“培养能够统筹运用数字认知、数字思维、数字技术，践行‘数字赋能监督，监督促进治理’的大数据法律监督人才”② 的任务繁重而艰巨。

三、以新时代“枫桥经验”引领控告申诉检察工作现代化发展的实践路径

（一）畅通和规范群众诉求表达渠道

1. 以新时代“枫桥经验”助推 12309 检察服务中心“窗口”建设，提升检察为民服务质效。优化 12309 大厅接访环境，实现安检、登记、

① 中国网络空间研究院：《加强数字化发展治理推进数字中国建设》，载《人民日报》2022 年 2 月 15 日，第 7 版。

② 贾宇主编：《数字检察办案指引》，中国检察出版社 2023 年版，第 48 页。

候访、接访“一站式服务”。畅通高效、便民的网上信访渠道，全力构建 12309“实体、网上、掌上、热线”四位一体检察服务格局。公开接访值班人员、来访须知、受案范围等内容，向社会公布通信地址、举报网址、举报电话等，畅通和规范群众诉求表达。按照事前预约、按期排班等方式，推行检察官、部门负责同志、分管院领导和检察长接访制度，为来访群众答疑解惑，引导群众依法表达合理诉求，切实维护人民群众合法权益。

2. 以新时代“枫桥经验”推动“群众信访件件有回复”制度落实。应勇检察长强调，要全面贯彻习近平法治思想和习近平总书记关于坚持和发展新时代“枫桥经验”的重要论述精神，坚持人民至上、以人民为中心，聚集检察职能，加强协同协作，着力构建检察机关信访工作大格局，深化信访诉源治理、涉法涉诉矛盾实质化解，为推动建设平安中国、法治中国贡献检察力量。[①] 健全检察长办理信访案件长效机制，将“群众信访件件有回复”工作作为“一把手”工程来抓，坚持检察长阅批群众来信、接待群众来访，带头阅卷、审查案件和包案制度，确保 7 日内程序性回复和 3 个月内办理过程及结果答复率达到百分百。

3. 以新时代“枫桥经验”推动信访首办责任制落实，不断完善信访工作机制。建立以控告申诉部门为主导，各业务部门密切联系、协同配合的信访工作机制；实施院领导包案、接访制度等，将信访案件的主要力量由解决矛盾转移到预防矛盾上来，注重事前防范，将潜在矛盾纠纷及早化解，形成各业务部门同心协力、共管齐抓的良好局面。信访案件的首办部门通过风险评估和事先调查等方法，确保责任落实，

① 巩宸宇：《深入践行新时代“枫桥经验” 高质效办好信访案件既解“法结”又解“心结”》，载《检察日报》2023 年 4 月 19 日，第 1 版。

保证化解信访案件的关口前移，使矛盾纠纷尽早发现、尽快解决。

（二）把矛盾纠纷化解在基层和萌芽状态

1. 将“枫桥经验”深度融入在信访矛盾实质性化解工作中，积极探求定分止争“最优解”。坚持“矛盾不上交，就地调解”是“枫桥经验”的最突出特点。检察机关要将“枫桥经验”融入在信访矛盾实质性化解工作中，要在履职过程中积极借助侦查机关、律师和人民监督员等多方力量，努力探求“最大公约数”，绘出“最大同心圆”、凝聚最大化解合力，摒弃简单办案、机械执法的错误做法，以“如我在诉”的为民情怀，以化解矛盾为出发点和落脚点，把事说明、把理说透、把法说清，通过积极有效协调，使双方当事人在平等协商、互相谅解的基础上，自愿达成协议，打开心结、息诉罢访。

2. 将新时代“枫桥经验”深度融入司法救助工作当中，切实传递纾困解难“检察情”。要把新时代“枫桥经验”融入司法救助工作开展的全过程，要打破靠“找”的僵局，多维联动确定救助对象，对符合条件的被害人应救尽救，防止其因案致贫返贫；要破除“资金不足”瓶颈，以“检察+慈善”等方式，多维联动汇聚救助资金，坚持做到“雪中送炭”；要解决“方式单一”问题，多维联动拓宽救助方式，坚持矛盾“就地化解”。要充分借鉴最高检发布的第一批“大数据赋能类案司法救助典型案例”，依托多元社会救助机制，构建司法救助对象筛选和司法救助金额计算数字模型，“实现快速锁定救助对象、精准测算救助金额，同步开展社会救助、分类帮扶，更好助力全面推进乡村振兴”①。

① 谷芳卿：《以深化创新能动履职构建控申“数字检察”工作模式——最高检第十检察厅负责人就大数据赋能类案司法救助典型案例答记者问》，载《检察日报》2023年5月17日，第1版。

3. 将新时代“枫桥经验”深度融入公开听证工作中，充分保障社会公众“自身权”。公开听证是倾听群众声音，化解矛盾纠纷的有效手段。要坚持把公开听证作为提升社会治理能力现代化的有效举措，以公开促公平。主动扩大公开听证案件范围，在“应听证尽听证”的基础上，做到“能听证尽听证”，充分密切检民关系，彰显检察为民情怀；要不断完善公开听证工作机制，不断完善听证程序，推动公开听证实效化；要持续拓宽公开听证人员范围，积极邀请人大代表、政协委员、人民监督员、律师、基层组织代表等人员，全过程参与听证，切实保障公众知情权、参与权、表达权、监督权，着力提升司法决策透明度。

（三）大力加强“枫桥式”控告申诉检察队伍建设

1. 坚持党建引领，提升政治能力。控告申诉部门是直接面向群众、联系群众、为民服务的窗口，控告申诉队伍的形象是检察机关在群众面前的最直观体现。要通过“党建 + 控申检察”，实现党建与控告申诉检察业务有机融合，坚定正确的政治方向，在控告申诉检察工作中贯彻习近平新时代中国特色社会主义思想和习近平法治思想，真正把学习成效转化为推进控申工作、化解矛盾的实际行动。

2. 以控申专业化为方向，提升业务能力。选派政治素质强，既熟悉各项检察业务又有群众工作经验的人员从事控告申诉检察工作。要通过业务培训、岗位练兵、案例研讨、业务竞赛，提升控告申诉检察人员接待群众信访、化解矛盾、司法办案、司法救助能力。加强纪律作风建设，常态化开展以忠诚、为民、担当、公正、廉洁为主要内容的检察官基本职业道德教育实践活动，坚定控告申诉检察工作职业信念。落实放权与监督相结合，确保有权必有责、用权必监督、失责必追究。

3. 厚植为民情怀，提升群众工作能力。控告申诉检察工作是送上门来的群众工作。新时代“枫桥经验”的价值核心是以人民为主体、以人民为中心。要强化办理的每一起小案、处理的每一件小事，都是在向人民群众传递党和国家的温暖意识。培养用群众听得懂的语言释法说理、化解矛盾纠纷的能力，切实让人民群众在每一个信访案件中感受到公平正义。

（四）大力推进“数字控申”赋能控告申诉检察工作

1. 自觉融入数字检察战略。控告申诉检察工作要打破常规思维，主动跟上数字时代步伐，正确认识数字检察的重要性，切实增强紧迫感和责任感，克服就案办案等传统思维，树立“数字控申”意识，通过控告申诉检察大数据分析，从个案中发现类案线索，从类案中提练治理规律，实现源头治理，以“数字控申”推动控告申诉检察工作现代化。

2. 吸收多元主体参与化解矛盾纠纷。多元化解矛盾纠纷是新时代枫桥经验的显著特征。通过落实《中共中央关于加强新时代检察机关法律监督工作的意见》中提出的“运用大数据、区块链等技术推进公安机关、检察机关、审判机关、司法行政机关等跨部门大数据协同办案”的要求，打通数字检察的“数据壁垒”。上述四机关与基层群众组织、人大代表、政协委员、人民监督员等协同配合，运用数字化手段，共同化解矛盾纠纷，维护社会和谐稳定，形成多元治理新格局。

3. 运用大数据办案，着力实现从“个案办理”到“类案监督”再到“系统治理”的监督质效跃升。检察业务系统和网上信访系统已积累了海量控告申诉案件，形成了控告申诉检察“数据库”。通过建设控告申诉检察数字监督模型，对海量数据进行挖掘、碰撞和利用，寻找数字之间的内在规律，充分利用、有效发挥数据的价值，注意发现控告申诉案件背后的共性问题，实现从个案中发现类案，并从类案中找到治理规律的“个案—类案—治理”路径，促进提升办案质效。

控告申诉检察部门开展反向审视工作实践探讨

——以 H 市检察机关为例

王 达 吕 洁*

2023年9月，最高检应勇检察长在下访接访两起刑事申诉案件时指出，控告申诉检察工作是检察机关依法履行法律监督职责的“富矿”，要重视控告申诉的反向审视功能，通过办理申诉信访案件，一方面，及时反思检察机关在履职办案中的问题和不足，倒逼检察官严格依法公正规范司法；另一方面，也要善于从中挖掘检察机关法律监督案源，拓宽法律监督线索发现渠道，加强对诉讼活动的制约监督，维护司法公正，促进涉法涉诉申诉信访问题的源头治理、系统治理。①本文立足H市检察工作实践，对控告申诉检察部门开展反向审视工作的内涵及价值进行了阐述，对检察实践中遇到的困境情况进行了系统梳理分析，有针对性地提出了加强和改进工作的建议，以期为高质效办好每一个案件、推动新时代检察机关反向审视工作走深走实，提供参考借鉴。

---

* 王达，内蒙古自治区呼伦贝尔市人民检察院党组副书记、常务副检察长，三级高级检察官；吕洁，内蒙古自治区呼伦贝尔市人民检察院第九检察部主任，一级检察官。

① 巩宸宇：《以“如我在诉”的理念和态度高质效办好每一个涉检申诉信访案件》，载《检察日报》2023年9月15日，第1版。

一、控告申诉检察部门开展反向审视工作的内涵及实践价值

控告申诉检察部门开展反向审视工作，是指控告申诉检察部门对人民检察院已经办结的案件，依照法律和有关规定，全方位反向审视原案办理中存在的瑕疵和问题，通过总结反思并提出意见建议，反馈督促有关部门改进工作，提升司法水平和办案质量的活动。[①]2021 年 6 月 13 日，最高检十厅印发通知，要求全国检察机关进一步建立健全纠错防错并举机制，全面推行刑事申诉、国家赔偿案件反向审视和分析报告制度。笔者认为，控告申诉检察部门开展反向审视工作，具有以下几个方面的实践价值。

一是坚持党的群众路线、强化源头治理的必然要求。近年来，习近平总书记就加强和改进人民群众信访工作作出一系列重要指示，曾深刻指出要切实依法及时就地解决群众合理诉求，注重源头预防，夯实基层基础，加强法治建设，健全化解机制，不断增强工作的前瞻性、系统性、针对性，真正把解决信访问题的过程作为践行党的群众路线、做好群众工作的过程。[②] 反向审视是检察机关贯彻落实习近平总书记关于加强和改进人民信访工作的重要指示精神、构建规范高效的检察权运行制约监督体系的重要载体，是坚持群众路线以群众工作统领新时代检察信访工作、坚持和发展新时代“枫桥经验”强化源头治理，促进社会和谐稳定的生动实践。

二是倒逼检察机关加强内部管理的重要途径。控告申诉检察部门通过办理刑事申诉、国家赔偿案件，对原司法办案环节进行反向审视，

① 参见张巧霞、王斐：《反向审视力促规范司法》，载《检察日报》2015 年 12 月 25 日，第 3 版。

② 参见《习近平对信访工作作出重要指示强调：千方百计为群众排忧解难 不断开创信访工作新局面》，载《人民日报》2017 年 7 月 20 日，第 1 版。

查找问题、纠错防错，具有独特的办案末端优势，是及时总结反思检察机关在办案中存在的问题和不足，倒逼检察机关加强内部管理的重要途径。一方面，控告申诉检察部门可以通过“每案必评、实质性化解”工作机制，从中发现司法工作中存在的突出问题，及时向本院党组提出整改建议，从而提升全院工作管理水平。另一方面，控告申诉检察部门可以通过加强总结归纳和深度分析，对于普遍存在的共性问题开展类案综合分析，有针对性地向有关检察部门提出整改意见，从而促进各检察办案部门加强和规范检察监督履职行为。

三是促进提升执法司法规范化水平的有力保障。开展反向审视工作是贯彻落实习近平法治思想，把“努力让人民群众在每一个司法案件中感受到公平正义”目标落实到检察监督工作中的过程。2021年4月，最高检印发的《“十四五”时期检察工作发展规划》明确提出构建规范高效的检察权运行制约监督体系，要求全面推行刑事申诉、国家赔偿、无罪判决、撤回起诉、撤回抗诉等案件的反向审视和分析报告制度。控告申诉检察部门通过办理刑事申诉、国家赔偿案件，检视诉讼活动中存在的问题，挖掘法律监督线索，依法提出纠正意见，有利于促进各政法单位在各诉讼办案环节提高执法司法规范化水平。

二、控告申诉检察部门开展反向审视工作的实践困境

近年来，H市控告申诉检察部门大力推进反向审视工作，取得了显著成效，但也存在以下几个方面的实践困境问题。

一是对反向审视工作的认识不统一。一方面，上级控告申诉检察部门要求下级院在办理案件中开展反向审视工作，查找出原案执法司法中存在的问题，对具有典型意义的案件上报典型案例，借此

希望能够引导各级检察机关反思学习。但实践中，有的同志对此心存疑虑，认为这是“自曝家丑”，如果不是硬性规定不会主动上报有关典型案例，即使上报案例也是避重就轻，不能深挖案件背后的问题及原因。另一方面，部分下级院控告申诉检察部门虽然每年都会将反向审视工作列入年初工作要点中，但往往针对哪些案件开展反向审视，都需要等待上级检察院通知，开展反向审视时较为被动，最后为了在特定时间内完成上级部署的任务，往往是突击性地推进工作，分析和提出的整改措施等大多停留在表面，影响了反向审视功能的充分发挥。

二是反向审视与案件质量评查难以区分。案件质量评查，是指对人民检察院已经办结的案件，依照法律和有关规定，对办理质量进行检查、评定的业务管理活动。开展案件质量评查，应当着重从证据采信、事实认定、法律适用、办案程序、文书制作和使用、释法说理、办案效果、落实司法责任制等方面进行检查、评定。[①] 从上述内容可以看出，反向审视与案件质量评查工作具有相同之处，二者都是对人民检察院已经办结的案件开展的一项内部检查活动，实践中两项工作的内容上也存在不少交叉的地方。比如，对捕后判无罪的国家赔偿案件，既可以因是被判无罪的公诉案件列入案件质量评查的范围，也可以基于国家赔偿案件列入反向审视范围。二者的区别主要在于组织机构的不同。其中，反向审视工作是由控告申诉检察部门统筹推进，而案件质量评查工作在检察长的统一领导下，由案件管理部门、办案部门依照分工组织开展。

三是反向审视工作人员在能力、素质等方面存在不足。控告申诉

① 参见《人民检察院案件质量评查工作规定（试行）》第二条、第十六条。

检察部门开展反向审视工作的人员组成，主要以办理控告申诉案件的承办人为主，也有的地区成立案件反向审视工作小组或抽调人员组成案件质量评查人才库，实践中主要存在以下问题。第一，有些基层检察院控告申诉部门人员配置偏老偏弱，有些甚至没有配备员额检察官，开展反向审视工作的质量难以保证，所作出的反向审视结论难以让被审视对象信服。第二，在配备了检察官的地方，有的对证据审查判断、执法过错和瑕疵发现等工作的能力水平不足，或者关注度不够。第三，对于被临时抽调参加反向审视工作的人员来说，有的认为反向审视工作是本职工作以外的任务，不用耗费太多精力，导致工作分析不够深入。

四是反向审视结果运用流于形式。反向审视工作，是加强对检察官司法办案监督管理、规范司法行为的重要抓手，是提高办案质量、提升司法公信力的重要措施。实践中，一些地区存在为了开展而开展、不重视反向审视结果的运用等情况，一定程度上存在“上紧下松、上热下冷”的现象。特别是由于对反向审视结果缺少跟踪问效机制，个别地区开展反向审视工作后，只是简单地撰写反向审视报告报送上级院，没有转化为提升本院办案质量的成果，也没有形成长效机制。这种情况下，反向审视的结果就容易局限在表面上，无法真正发挥其价值。另外，由于控告申诉检察部门开展反向审视工作是检察官办理案件时一并开展的，工作未单独列入控告申诉检察办案人员业绩考核中，对反向审视结果也没有与原案承办检察官的个人业绩考核挂钩，导致开展反向审视分析的结果往往止于文书制作瑕疵、执法不规范等一些形式上的浅表层次方面的问题，不能真正发挥反向审视促进整改提升办案质量的引导作用。

三、加强和改进控告申诉检察部门开展反向审视工作的建议

针对上述实践困境问题，结合《“十四五”时期检察工作发展规划》要求，笔者建议从以下几个方面加强和改进控告申诉检察部门反向审视工作。

一是进一步提高思想认识，不断提升反向审视工作能力水平。一方面，充分认识开展反向审视工作的重大意义，通过对已经办结的案件开展反向审视，深挖原案办理中存在的执法不规范、不严格的深层次问题，引导办案人员从中吸取教训，强化规范司法意识，提高执法办案能力水平。另一方面，不断加强学习总结，及时学习新修改的法律和司法解释，跟进学习“四大检察”业务知识，认真系统总结办案经验，努力做到“全能”或者“一专多能”，努力实现让人民群众在每一个司法案件中感受到公平正义。

二是整合反向审视与案件质量评查机制，建立专业化队伍。一方面，将反向审视与案件质量评查工作进行合并，建立案件反向评查机制，有效避免控告申诉检察和案件管理部门重复工作，减轻基层院综合业务部门人少事杂等问题。另一方面，组建专门的案件反向评查机构人员，人员组成可以由具有较好检察实务经验临近退休的资深检察官担任，具体负责刑事申诉、国家赔偿、无罪判决、撤回起诉、撤回抗诉等案件反向审视和质量评查的日常工作。

三是探索对反向审视工作独立成案，与检察官个人业绩考评挂钩。按照“横向到边、纵向到底、全员覆盖、不留死角和盲区”的要求，做到反向审视案件独立成案，全部实行线上留痕办理。一方面，强化统一业务应用系统使用，研发配置反向审视案件业务类别，推动反向审视工作独立成案，纳入个人承办案件统计范围，通过压实司法责任制，切实提升反向审视工作的严肃性，进而提升剖析问题的深度

和所提整改措施的针对性。另一方面，完善检察官业绩考评系统，将反向审视案件办理纳入检察官业绩考核中，提升检察官开展反向审视工作的热情。此外，对发现的原案办理中的问题，建立实时跟踪监督整改机制，强化反向审视的结果运用，真正促进提高检察机关执法司法规范化水平，倒逼检察人员以高度的政治自觉、思想自觉、行动自觉，高质效办好每一个案件。

Yewu Shijian

业务实践

刑事申诉结果通知书制作的若干细节问题探讨

——兼析刑事申诉结果通知书格式样本的补充完善

郑小鹏*

2020年9月22日发布施行的《人民检察院办理刑事申诉案件规定》明确人民检察院审查结案和复查终结的刑事申诉案件应当制作刑事申诉结果通知书（以下简称结果通知书），并随附配套文书格式样本①。三年多来，各级检察机关认真按照文书格式样本规范制作结果通知书，文书质量有了明显提高。但实践中，承办人在结果通知书的制作上也还存在一些不同认识，特别是一些不规范的细节问题需要加以补充完善。笔者认为，一份优秀的结果通知书，除了阐明事理、释明法理、讲究情理、注重文理、格式规范以外，还应当让承办人、申诉人以外的第三方在不占有其他材料的情况下，仅依据结果通知书，就

* 最高人民检察院第十检察厅主办检察官，二级高级检察官。

① 根据文书格式样本规定，结果通知书通常分为首部、正文和尾部三个部分，正文部分又可进一步细分为当事人基本情况、申诉处理过程、审查认定的事实、对申诉理由的回应、审查结论五个部分（其中，首部和尾部均可由检察业务应用系统自动生成，无须赘述，但需要注意的是，单位名称应当与院印一致。如果是外国籍人员或者无国籍人员申诉的，结果通知书在单位名称前面还应当冠以“中华人民共和国”。此外，文书格式样本在日期下方标注有“院印”，以提示结果通知书使用的是人民检察院的印章而不是某个部门的印章或者其他印章，“院印”在正式印发时应当删除。但实践中仍有不少盖章文书中“院印”二字仍然保留而未删除的情形）。

能比较清晰地了解原案的基本情况及刑事申诉的基本情况，并在此基础上判断、评价检察机关刑事申诉处理结论是否正确，理据是否充分，是否具有可接受性。因此，结果通知书应当围绕这一标准，尽可能完整地展现原案及刑事申诉的全貌，全面、充分地进行释法说理，实现结果通知书制作上的求极致。基于此，笔者对近年来所承办的刑事申诉案件中发现及地方检察机关反映的多发性问题进行分析，明确相关细节问题的表述，提出补充完善的建议，以期进一步提高结果通知书的质量。

一、当事人基本情况部分

当事人是自然人的，其基本情况应当包括姓名、性别、出生日期、民族、文化程度、住址及在原案中的诉讼地位，其中涉及利用职务犯罪的，还应当包括原工作单位、职务；当事人是单位的，其基本情况应当包括单位名称①、住所地、法定代表人或者负责人的姓名和职务。

1. 申诉人在原案中的诉讼地位或者与原案当事人的关系。根据所涉原案性质，刑事申诉可以分为不服人民法院生效刑事判决、裁定（以下简称不服法判）的刑事申诉和不服人民检察院诉讼终结的刑事处理决定（以下简称不服检决）的刑事申诉，前者又可以细分为不服公诉案件法判的刑事申诉和不服自诉案件法判的刑事申诉。申诉人在原案中的诉讼地位相应地也有所区别：

不服检决的，申诉人的诉讼地位可分别表述为：原案被害人（原

① 单位名称应当是工商营业执照上的全称。如果单位名称较长，可以在结果通知书首次出现该单位名称时用括号注明其简称，之后表述其简称即可。简称要能代表公司的经营属性并考虑社会公众的接受习惯。如河北海洋玻璃有限责任公司，不宜简称为海洋公司，可简称为海洋玻璃公司。

案被害单位）及其法定代理人、原案被害人近亲属和被处理人（被不起诉人、被不批捕人、被免予起诉人等，以下同）及其法定代理人、被处理人近亲属。

不服公诉案件法判的，申诉人的诉讼地位可分别表述为：原案被害人（原案被害单位）及其法定代理人、原案被害人近亲属和原审被告人（原审被告单位）及其法定代理人、原审被告人近亲属。不服刑事附带民事案件法判的，申诉人的诉讼地位也可分别表述为：原案被害人、附带民事诉讼原告人[①]及其法定代理人、近亲属和原审被告人、附带民事诉讼被告人[②]及其法定代理人、近亲属。

不服自诉案件法判的，申诉人在原案中的诉讼地位可分别表述为：原案自诉人及其法定代理人、原案自诉人近亲属和原审被告人及其法定代理人、原审被告人近亲属。[③]

冒名"被犯罪"人员申诉的。冒名"被犯罪"人员提出的申诉，是近年来司法实践中较为常见的特殊情形。由于申诉人既非原案的被害人，也非真实的原审被告人，但原案的处理结果又实实在在地侵害

---

① 《刑事诉讼法》第一百零一条规定："被害人由于被告人的犯罪行为而遭受物质损失的，在刑事诉讼过程中，有权提起附带民事诉讼。被害人死亡或者丧失行为能力的，被害人的法定代理人、近亲属有权提起附带民事诉讼。"但通常情况下，附带民事诉讼原告人也都是原案被害人及其法定代理人、近亲属，可以直接表述为原案被害人及其法定代理人、原案被害人近亲属。

② 最高人民法院《关于适用〈中华人民共和国刑事诉讼法〉的解释》第一百八十条第一款规定："附带民事诉讼中依法负有赔偿责任的人包括：（一）刑事被告人以及未被追究刑事责任的其他共同侵害人；（二）刑事被告人的监护人；（三）死刑罪犯的遗产继承人；（四）共同犯罪案件中，案件审结前死亡的被告人的遗产继承人；（五）对被害人的物质损失依法应当承担赔偿责任的其他单位和个人。"

③ 自诉案件附带民事诉讼的，申诉人的诉讼地位表述与公诉案件附带民事诉讼的相同。

了冒名“被犯罪”人员的合法权益。对此类人员申诉，表述上应有所区别，如李四冒用张三的身份被A市人民法院判处有期徒刑3年，张三提出申诉，可以表述为：申诉人（冒名“被犯罪”人）张三，原审被告人李四。

申诉人是被害人一方的，应当写明原审被告人、被处理人的基本情况。申诉人是被告人一方的，通常不写原案被害人的基本情况。

原案系共同犯罪的，应当写明各原审被告人的基本情况。共同犯罪人数较多的，可以选择写明主犯、犯罪集团的首要分子或者与申诉理由相关的原审被告人的基本情况，对其他原审被告人的基本情况作技术性处理，表述为“其他原审被告人基本情况略”。

2. 委托代理人。申诉人委托律师代理申诉人，应当写明委托代理人的基本情况，包括委托代理人姓名、所在律师事务所名称及执业证号、联系地址。同一案件有多个委托代理人的，应一一写明委托代理人的基本情况。

3. 公民身份证件号码。文书格式样本对公民身份号码没有作硬性要求，但从实践情况看，考虑到姓名重复的人员较多，写明公民身份证件号码有其必要性。实践中，对公民身份证件号码的表述多种多样，但根据居民身份证法之规定，公民身份证件号码的规范表述应为“公民身份号码”①。

4. 住址。当事人户籍所在地与经常居住地（现居住地）一致的，可以表述为“户籍所在地和经常居住地（现居住地）”；户籍所在地与经常居住地（现居住地）不一致的，可以分别表述或择一表述；原审

① 《居民身份证法》第三条规定：“居民身份证登记的项目包括：姓名、性别、民族、出生日期、常住户口所在地住址、公民身份号码、本人相片、指纹信息、证件的有效期和签发机关。”

被告人在服刑中的，可以在户籍所在地或者原居住地后，表述为“现在某某监狱服刑中”。

5. 特殊人员。申诉人或者需要列明的原案当事人是外国籍或者无国籍人员的，应当写明护照中外文姓名、国籍（无国籍人员除外）、住址和护照号码等基本情况；是香港特别行政区、澳门特别行政区和台湾地区居民的，按照其入境时所持证件写明其基本情况。前述人员在内地有经常居住地或者暂住地，也应当写明。

6. 表述位置。通常将申诉人的诉讼地位在“申诉人”与姓名之间用括号注明，表述为“申诉人（原审被告人、原案被害人等）张三”；申诉人是当事人的法定代理人或者近亲属的，可以表述为“申诉人（法定代理人、近亲属）”，并在段尾注明申诉人与当事人的具体关系，如“系原审被告人张三父亲”等。

二、案件来源部分

案件来源部分，可以进一步细分为三个部分：一是原案的部分基本情况，包括案由、原案案号、定罪量刑或者处理情况、案件由来[①]；二是历次申诉处理过程（首次申诉的除外）；三是本次申诉的主要理由。

1. 原案案由。案由有两种表述方式：一是犯 ×× 罪一案，二是 ×× 一案。如原审被告人张三因犯强奸罪提出申诉的，可以表述“申诉人张三因强奸一案”或“申诉人张三因犯强奸罪一案”。如申诉人系原审被告人以外的人员，可以表述为“申诉人因张三强奸一案”或

① 通常认为，在刑事申诉中，案由是指对刑事案件（刑事申诉所涉原案）所涉及的法律关系的性质进行概括后形成的案件名称；案件由来是指审查刑事申诉案件的来源（申诉人向人民检察院提出）。

“申诉人因张三犯强奸罪一案”。

2. 原案案号及处理情况。包括原判决、裁定、决定的文号，定罪量刑或者刑事处理决定的相关情况。一审判决生效或者二审改判的，直接表述为“不服某市（中级）人民法院（2008）某刑初字第 ××× 号刑事判决以犯强奸罪判处张三有期徒刑五年”；二审裁定维持一审判决的，表述为“不服某市人民法院（2008）某刑初字第 ××× 号刑事判决以犯强奸罪判处张三有期徒刑五年和某市中级人民法院（2008）某刑终字第 ××× 号刑事裁定维持原判”；不服不批捕、不起诉、免予起诉的，表述为“不服某市人民检察院某某检刑不诉〔××××〕××× 号不起诉决定、不批捕决定、免予起诉决定[①]”，等等。《人民检察院办理刑事申诉案件规定》第二条明确了刑事申诉是申诉人对人民检察院诉讼终结的刑事处理决定或者人民法院已经发生法律效力的刑事判决、裁定不服，向人民检察院提出的申诉，因此需要注意两个问题：一是不能表述为“不服刑事判决书、刑事裁定书、不起诉决定书等”，二是不能表述为“不服驳回申诉通知书、刑事申诉结果通知书[②]”。

3. 申诉处理过程。写明申诉人向人民法院、人民检察院提出申诉，相关人民法院、人民检察院作出处理结论的过程。对于申诉人向人民

---

① 1979 年《刑事诉讼法》第一百零一条规定：“依照刑法规定不需要判处刑罚或者免除刑罚的，人民检察院可以免予起诉。”即免予起诉制度。1996 年《刑事诉讼法》第一次修正时，废除了免予起诉制度。但实践中仍有被免予起诉人对检察机关作出的免予起诉决定提出申诉的情形。

② 《人民检察院办理刑事申诉案件规定》第九条第三款规定：“不服人民检察院刑事申诉案件审查或者复查结论的申诉，由上一级人民检察院管辖。”该款规定的是管辖问题，即使下级人民检察院作出了审查或者复查结论，上一级人民检察院依法受理后，审查的仍然是人民法院已经发生法律效力的刑事判决、裁定和人民检察院诉讼终结的刑事处理决定。

法院申诉的相关情况，文书格式样本没有作硬性要求，但明确要求经过下级人民检察院处理的，应当写明每一次审查或者复查的经过及结论。但从更好反映案件全貌的角度出发，建议尽可能写明申诉人向人民法院提出申诉的相关情况。通常可以表述为："经审查（复查），某某市中级人民法院于20××年××月××日作出（20××）某刑申字第××号驳回申诉通知书，某某省高级人民法院于20××年××月××日作出（20××）某刑申字第××号驳回申诉通知书，均对申诉予以驳回；某某市人民检察院于20××年××月××日作出某检刑申通〔20××〕××号刑事申诉结果通知书，某某省人民检察院于20××年××月××日作出某检刑申通〔20××〕×××号刑事申诉结果通知书，均予以审查结案。"

4. 申诉理由。即申诉人申请人民检察院对生效判决、裁定和处理决定进行重新审查时提出的根据和原因。考虑到结果通知书回应申诉理由部分将对申诉人提出的具体申诉理由一一作出回应，此处不需要作过多的列举[①]，通常采取高度概括的种类理由表述方式，如"申诉人×××以原案认定事实不清，证据不足，适用法律错误，诉讼程序违法等为由，向本院提出申诉"。值得注意的是，一些结果通知书将申诉人提出的诉求（如要求改判无罪）也列为申诉理由，是欠准确的。

5. 关于"本院"还是"我院"的表述问题。二者比较，"本院"比较庄重、书面化，而"我院"则比较随意、口语化。结果通知书作为法律文书，应当表述为"本院"。但实践中，不少结果通知书表述为

---

① 笔者注：这样做的目的，一是避免前后重复，二是在具体申诉理由较多时防止出现表述冗长、烦琐。因此，对于文书格式样本中规定的"如果申诉理由字数较多，可以在'向本院提出申诉'后单独列明"这一做法，笔者个人认为没有太大的必要性，但在案件审查报告中，为了便于承办人把握案件审查的重点，采取这样的做法倒是可取的。

“我院”，如“向我院提出申诉”“我院审查查明”等。

三、审查认定的事实部分

原案事实部分是结果通知书的重要组成部分，直接反映原案的具体情况，因此结果通知书应当准确、完整地写明原案事实，即原判决、裁定、处理决定认定的事实或者人民检察院审查、复查后认定的案件事实。

1. 具体表述方式。文书格式样本规定的表述方式为“本院审查或者复查查明”。考虑到实践中，众多非首次办理的刑事申诉案件并未调取原案卷宗进行实质审查，而是依据申诉人提供的申诉材料以及下级人民检察院的审查报告进行书面审查，笔者认为，除规定的表述方式外，对于未调取原案卷宗进行实质审查的，还可以表述为“生效判决认定”“处理决定认定”“侦查机关认定”等。本部分应当详细写明审查或者复查认定的事实或者生效判决认定的事实。特别需要注意的是，无论采取何种表述方式，均需写明原案犯罪事实，而绝对不能采用“本院审查认定的事实与原判认定的事实一致，不再赘述”的类似表述。

2. 总体保持一致。结果通知书在叙述原案犯罪事实时，通常情况下应当与原裁判、处理决定文书总体保持一致。但以下情况应当予以调整、纠正：一是审查或者复查认定的事实与原裁判、处理决定认定的事实确有出入，且可能影响原处理结论；二是审查认定的与申诉人提出的事实一致，但不影响原处理结论；三是原裁判、处理决定文书描述不准确，语句不通顺、不简练，断句、标点等方法不正确，以及有明显错别字的部分。

3. 适当技术处理。对于一个被告人涉及多项罪名的，如果申诉人仅对其中一项或者数项罪名提出异议，对未提出异议的犯罪事实可以省略。对于原案涉及犯罪事实较多，申诉人又未就具体犯罪事实提出异议的，可以概括叙述原案犯罪事实。如表述为："张三利用担任某地某局局长职务之便，于 2008 年 3 月至 2010 年 8 月先后收受李四、王五等 6 名行贿人员的贿赂款物 350 万元。"当然，如果申诉人就其中的一起或者数起具体犯罪事实提出异议，认为原裁判认定事实错误，则必须写明该一起或数起具体犯罪事实（对未提出异议的具体犯罪事实，采取技术性处理措施，表述为"其余犯罪事实略"），以便在后文作出回应。

4. 概括列举证据。文书格式样本对于审查认定的事实部分是否列明证据，未作要求。笔者认为，从增强刑事申诉结果通知书的完整性、有助于完整地了解原案全貌的角度出发，在认定的事实表述之后，列举证据还是有一定意义。当然，在列举证据时，无须全面、详尽地列举全部证据，可以参照人民法院二审裁判文书的表述方式，概括性列举主要定案证据。在列举证据时，一般是遵循先客观证据后主观证据的原则，按照物证、书证、鉴定意见、勘验检查笔录、视听资料、证人证言、被害人陈述、被告人供述和辩解的顺序罗列。如表述为："上述事实，有立案决定书、到案经过、破案经过、现场照片等书证，现场勘验、检查笔录，鉴定意见，证人证言，被害人陈述，被告人供述和辩解等经庭审举证、质证的在案证据予以证实。"

5. 自诉案件的特殊表述。对人民法院裁定不予受理或者驳回起诉的自诉案件，因为人民法院并没有进行实质审理，也没有对自诉人指控的事实进行认定，且作出的裁定亦是程序性裁定。在这种情形下，刑事申诉的实质是法律适用，即人民法院作出裁定所适用的法律规定是否正确。这种情况下，结果通知书审查认定的事实部分应当写明原自诉案件的诉讼过程、人民法院作出裁定所依据的法律规定及适用该法律规定的理由。

四、申诉理由的回应部分

对申诉理由的回应，亦即通常所说的释法说理，是结果通知书的核心部分和灵魂所在，直接决定着结果通知书的质量和审查结论的可接受度。实践中，这一部分出现的问题最多，需要引起特别重视。

1.准确概括申诉理由。申诉人提出的申诉理由，即与案件事实认定、证据采信、法律适用和诉讼程序等有关的各种争点。而准确、充分回应申诉理由的基础就是对申诉理由的精准概括。但在实践中，不少申诉人往往不能围绕《刑事诉讼法》第二百五十三条的规定提出申诉理由[①]，而是重复叙述原案发生过程，或纠缠于原案的细枝末节问题，或笼统地提出原判认定事实不清、证据不足，或天马行空般地提出一些不知所云的申诉理由。因此，必须对申诉理由进行归纳、概括，切实找准争议焦点，做到全面而不遗漏理由，准确而不失原意，又尽可能地简洁明了、层次清晰，防止出现不加概括原封不动地引述申诉

---

① 《刑事诉讼法》第二百五十三条规定："当事人及其法定代理人、近亲属的申诉符合下列情形之一的，人民法院应当重新审判：（一）有新的证据证明原判决、裁定认定的事实确有错误，可能影响定罪量刑；（二）据以定罪量刑的证据不确实、不充分、依法应当予以排除，或者证明案件事实的主要证据之间存在矛盾的；（三）原判决、裁定适用法律确有错误的；（四）违反法律规定的诉讼程序，可能影响公正审判的；（五）审判人员在审理该案件的时候，有贪污受贿、徇私舞弊、枉法裁判行为的。"

人的申诉理由的情况[①]。

2. 全面回应。对申诉人提出的申诉理由，应当认真加以甄别。对其中与原案事实认定、证据采信、法律适用、诉讼程序等相关的申诉理由，需要一一进行回应。对于申诉人提出的审判人员在审理该案件的时候，有贪污受贿、徇私舞弊、枉法裁判行为的理由，可以根据申诉人是否提供了相应证据予以回应。对提供的相应证据或者证据线索的，应当按照法律监督线索、违纪违法线索移送规定移送相关主管机关或者部门处理；对没有提供相应证据的，可以建议申诉人提供相应

① 陈某龙刑事申诉案件中，某省人民检察院刑事申诉结果通知书将申诉人提出的申诉理由表述为："申诉理由和诉求：1. 因 2015 年 1 月，国家建设东昌高速公路途经申诉人所在村庄，需要征求申诉人所在村庄土地，涉及搬迁的棣匝政府指定安置地点。然而，安置地点上空由于有 ×× 移动、联通、电信、广播电视公司的光缆线，村民自建房无法施工，本来政府应主动联系上述公司迁移电缆线，为老百姓尽早建房施工创造条件，尽快让老百姓安居乐业，但是政府'疏忽'了！！于 2015 年 7 月 6 日申诉人所在村庄村民向村民委员会报告并提交了书面申请，恳请政府联系上述公司迁移电缆线，但还是被政府'疏忽'了！！！2. 由于政府部门多次'疏忽'，致使申诉人所在村庄村民因在政府指定安置地点建房时无法施工，不仅延误了村民建房，安居乐业，也给国家建设施工单位施工带来不便。一年多后，村民们为了尽早安居乐业只好忍气吞声小心施工，但是由于光缆线低还是阻碍了部分村民建房施工车辆作业。3. 因为申诉人是农民，又没有文化，不懂法律法规，身为小组长只是尽心尽力为了村民能尽快安居乐业，便采取了愚蠢的行为剪断了上述公司的电缆线，把自己置于违法境地，但申诉人也是为了村民们能够尽快安居乐业啊。4. 申诉人剪断的电缆线事实上阻碍、延误了村民建设、安居乐业，也给国家建设施工单位施工带来不便。上述公司后来自己也剪断迁移了电缆线。5. 申诉人在违法行为发生后，认识到自己的错误，积极赔偿了受害方损失，也得到了受害方的谅解，已经得到了应有的惩罚。综上所述，申诉人的违法行为造成了受害方损失，赔偿了受害方损失也心服口服，然而'事出有因'，原审人民法院判处申诉人三年实刑显然不当。因此，请求人民检察院依法处理。"该表述未能对申诉理由进行概括、归纳，系原封不动地引述了申诉人的申诉理由，篇幅冗长，既无必要，又不利于进行回应。笔者认为，申诉人的申诉理由完全可以概括为"原案事出有因，且已积极赔偿损失，原判量刑过重"。

证据向主管机关或者部门反映。对其他申诉理由，可以不予回应。

3. 充分回应。结果通知书在回应申诉理由时，要分析透彻、论证充分，切实阐明申诉理由成立与否的理由。具体地说，就是要充分展示争议事实的认定依据，针对争议事实列出相关证据；充分论证争议证据的“三性”，综合进行证据分析；寻找与原案最为匹配的法律条款，充分阐明所适用法律条款的含义，结合原案具体情况，运用证据规则和经验法则进行审查认定，得出明确查证意见和申诉理由是否成立的结论，做到针锋相对、有理有据。

4. 回应的顺序。申诉人在申诉材料中提出的申诉理由，有的是按照其认为的重要性高低来排列，有的是按照时间先后顺序来排列，有的是随机排列。结果通知书在回应申诉理由时，不应简单按照申诉人提出申诉理由的先后顺序进行回应，而是应当遵循一定的内在逻辑顺序，即按照事实认定—证据采信—法律适用—诉讼程序—其他的先后顺序进行回应。同一类申诉理由有多项的（如申诉人对多个具体事实提出异议），应当逐一回应完毕，再顺序回应后一类理由。

5. 自然段区分。对每一项申诉理由，不采用序号标注的方式，而是用自然段进行区分，即每一自然段均是针对一项申诉理由进行的回应，有多少项申诉理由就有多少个自然段；每一自然段均以“申诉人提出，……（具体申诉理由）”开始。[①] 对需要从不同角度分层次进行

① 文书格式样本中，对申诉理由的表述格式为“关于申诉人提出的……申诉理由”。实践中，绝大部分的结果通知书也都是采取这一表述格式。笔者个人认为，这一表述格式不符合标点符号的规范用法，也不够合理，特别是在申诉人就某一具体问题提出的申诉理由较长的时候，将导致句式过长，而使用“申诉人提出，……”的表述格式可以有效避免上述问题，更为适宜。有兴趣的读者可以自行查阅最高人民法院就劳伦枝故意杀人、绑架、抢劫一案死刑复核后作出的（2023）最高法刑核95814630号刑事裁定书。

回应的，可以在自然段内以序号“（1）……（2）……（3）……”或者“一是……二是……三是……”排列的方式开展表述。

6. 释法说理的依据。回应申诉理由，除法律及立法解释、司法解释等规范性法律文件外，还可以运用“两高”发布的指导性案例、非司法解释类业务规范性文件，公理、情理、经验法则、交易惯例、民间规约、职业伦理，立法说明等立法材料，法理及通行学术观点以及与法律、司法解释等规范性法律文件不相冲突的其他论据等①。

7. 法律规定的援引②。法律等规范性法律文件的援引有一定之规。实践中，应当注意以下问题：一是援引法律等规范性法律文件，应当准确完整写明规范性法律文件的名称；引用司法解释性文件时，制定机关名称与司法解释的名称应一同置于书名号内，如“《最高人民法院、最高人民检察院、公安部关于办理非法集资刑事案件若干问题的意见》”，不应表述为“最高人民法院、最高人民检察院、公安部《关于办理非法集资刑事案件若干问题的意见》”；书名号里面还要用书名号时，外面一层用双书名号，里面一层用单书名号，如“《最高人民法院关于适用〈中华人民共和国刑事诉讼法〉的解释》，不能表述为“最高人民法院关于适用《中华人民共和国刑事诉讼法》的解释”。二是援引的具体条文，应当整条引用，要写明具体的条文号，条文中有款、

---

① 最高人民检察院对此没有作出具体规定，但最高人民法院《关于加强和规范裁判文书释法说理的指导意见》对此作出了明确规定，笔者个人认为很有借鉴意义。

② 人民法院、人民检察院作出原案裁判或者处理决定只能引用法律及法律解释、行政法规、地方性法规、自治条例或者单行条例、“两高”的司法解释作为裁判、处理决定的依据。

项的,要具体到款、项[①]。结果通知书中重复出现该条款时,第二次起可以只援引条款号,不再援引具体内容。三是注意并列引用顺序。并列引用多个法律等规范性文件时,通常按照法律及法律解释、行政法规、地方性法规、自治条例或者单行条例、司法解释的顺序。同时引用两部以上法律的,应当先引用基本法律,后引用其他法律;引用包括实体法和程序法的,先引用实体法,后引用程序法。特别需要注意的是,由于刑事申诉特有的后裁判性,导致刑事申诉提出时,作出原裁判、处理决定的规范性法律文件可能已经被修改或者失效。因此,在援引被修改或者已经失效的相关规范性法律文件时,必须注明援引的具体版本,如"1979年《中华人民共和国刑法》""《中华人民共和国刑事诉讼法》(2012年修正)"[②]。

8. 对事实认定方面的申诉理由回应。应当针对申诉人提出的原裁判、处理决定认定不清楚、不准确的具体事实,结合原案在案证据情况,运用证据规则和经验法则进行审查认证,然后再进行综合分析,最后得出原裁判、处理决定认定事实是否清楚、准确的意见。如郭某泓刑事申诉一案,申诉人提出其收受郭某新616万元是借款不是受

---

① 援引法律规定中的条、款、项数字时,应当使用汉字表述,不应使用阿拉伯数字。引用某项时,该项的序号不加括号,即表述为"第×项",而不应表述为"第(×)项";引用某条的某项时,表述为"第一条第一款第三项"(该条有两款以上时)或者"第一条第三项"(该条仅一款时)。

② 现行有效的1997年《刑法》已经历了十二次修正,一些条款规定已经发生了变化。如非法经营罪在1999年12月25日《刑法修正案》、2007年2月28日《刑法修正案(七)》两次被修正。根据案件具体情况需要引用1999年《刑法修正案》修正的《刑法》第二百二十五条的,可表述为"经1999年修正的《中华人民共和国刑法》第二百二十五条"。参见最高人民法院《关于在裁判文书中如何表述修正前后刑法条文的批复》(法释〔2012〕7号)。

贿，原判认定事实错误。结果通知书回应为[①]：“经审查，（1）原审被告人郭某泓供述称，郭某新让其帮忙协调其所在国有公司投资郭某新的蔚林公司，其分两次一共从郭某新处拿了616万元，都是自己或家里人用了，一直也还不起，也就没想着还了，这些钱就只当是他送给其的感谢费，郭某新也从来没找过其要过账。证人郭某新的证言证实，2017年6月某国有公司决定定增蔚林公司股份但还未到位，其间，郭某泓给其打电话，让其借600万元用于付给（离婚）女方房款，其从朋友张某强处借了596万元通过张某姣给了郭某泓，一个月后其还给了张某强610多万元本息，这596万元郭某泓后来再没有提过；2018年上半年，郭某泓给其打电话以去美国看病为由让其给他弄20万元，其安排王某飞给郭某泓转了20万元。证人王某强、殷某初、王某飞等的证言与郭某新的证言可以相互印证，并有蔚林公司关于某国有公司参股情况的说明及相关资料、蔚林公司定增项目资料清单和罗某、孙某、郭某泓、周某工商银行交易明细等书证予以佐证。证人张某姣的证言证实，2017年7月20日其按照财务部领导的要求通过网银给户名为郭某泓的账户转了596万元，2017年8月30日其账户收到该笔本息611万多元。（2）原案中，郭某新与郭某泓之前并不认识，因为自己的企业需要郭某泓提供资金上的支持，在郭某泓提出借款的要求下，将案涉款项交付给郭某泓，是有求于郭某泓的不得已而为之，且郭某新已经意识到郭某泓不会归还案涉款项。（3）证人周某平证言证实，根据其和郭某泓的接触，郭某泓一直缺钱，有很多外债，郭某泓本人的经济收入根本无力偿还外债。原案中，郭某泓对涉及总额超过600万元的借款，既未出具任何借款凭证，也未提供任何担保，明显

① 如无特别说明，以下的结果通知书均出自笔者审查案件后制作的结果通知书。个别地方因为篇幅问题，有所缩略。

有违常理，且郭某泓直至案发时亦未有任何归还的行为或者意思表示，实际上也没有偿还能力，足以证实郭某泓是利用职务之便，以借款为名向郭某新索要贿赂款项的事实。（4）郭某泓归案后主动供述办案机关尚未掌握的该受贿事实被依法认定为自首，又认罪认罚，并因此被原审法院予以从轻处罚。综上，原审判决认定事实清楚。申诉人该申诉理由不能成立。”

9. 对证据采信方面的申诉理由回应。针对证人证言不应当采信、鉴定意见不准确、非法证据应予排除等证据采信方面的申诉理由，应当根据证据规则，运用逻辑推理和经验法则，必要时使用推定和司法认知等方法，围绕证据的合法性、真实性和关联性进行全面、客观、公正的审查判断，阐明证据采信的理由。如王某富刑事申诉案中，申诉人提出证人均为被害人亲戚，且证人证言没有其他证据相印证，不应采信。结果通知书回应为：“经审查，（1）《中华人民共和国刑事诉讼法》第六十二条规定：‘凡是知道案件情况的人，都有作证的义务。生理上、精神上有缺陷或者年幼，不能辨别是非、不能正确表达的人，不能作证人。’原案中，提供证言的证人，均是案发全程或者部分时间在场，知道案件情况的人，依法具有作证的义务。同时，证人均不具备‘生理上、精神上有缺陷或者年幼，不能辨别是非、不能正确表达的人，不能作证人’的情形，依法可以作为证人提供证言。（2）证人证言与原审被告人王某富的供述及被害人王某云的陈述能够相互印证，并有某某司法鉴定中心〔2014〕临鉴字第 420 号鉴定意见书和现场勘验笔录、示意图、照片等证据予以佐证。（3）证人证言均经庭审质证、认证。原审法院予以采信，并无不当。申诉人该申诉理由不能成立。”

10. 对法律适用方面的申诉理由回应。法律适用，主要反映在定罪和量刑上。定罪方面的申诉理由，往往表现为申诉人认为原审被告人、被处理人构成或者不构成某一犯罪，或者认为不构成此罪而应当构成彼罪，或者认为构成一罪或者数罪；量刑方面的申诉理由，往往表现为申诉人认为原审被告人具有或者不具有法定、酌定量刑情节，原判量刑不当。因此，在回应法律方面的申诉理由时，应当首先就原案涉及的刑法相关条文进行阐释，再结合原案具体情况，根据犯罪构成要件和量刑指导意见进行论证分析，从而得到原案定罪量刑是否正确的意见。如刘某高刑事申诉案，申诉人提出，应当认定被告人罗某平犯故意杀人罪而不是故意伤害罪。结果通知书回应为："故意伤害（致人死亡）罪是指故意非法损害他人身体健康、造成他人死亡的行为，故意杀人罪是指故意非法剥夺他人生命的行为。故意伤害（致人死亡）罪与故意杀人罪的相同之处表现为故意实施了侵害他人身体的行为并造成了他人死亡的后果，主要区别在于行为人主观上对所追求的危害结果的内容的不同。故意杀人罪中，行为人在主观上是积极追求他人死亡的后果，即行为人明知自己的行为会导致或者可能会导致他人死亡的后果，但仍然采取希望或者放任的状态；故意伤害（致人死亡）罪中，行为人在主观上是积极追求伤害他人身体健康的后果，但他人死亡后果的出现对于行为人来说是意外的。而判断行为人主观故意内容，不能单凭口供，或仅根据事实就下结论，应当全面分析案情，根据发案原因、行为发展过程、犯罪工具、行凶手段、打击部位、打击强度、行凶情节、作案时间、地点、环境、犯罪人与被害人平时关系、致人死亡或者未死亡的原因、犯罪分子一贯表现和犯罪后的态度等因素，进行综合分析判断。经审查，（1）从案发起因来看，原案系因刘某荣酒后与罗某江二人之间因琐事引发口角进而引发案件；案发前双方并未发生激烈的矛盾冲突，刘某荣与罗某平之间更无直接冲突。

（2）从案发过程来看，原案事发突然，过程极短，不存在预谋和事先准备问题。（3）从行凶手段和打击部位，罗某平用随身携带的跳刀朝刘某荣刺了一刀，并未连续、持续行凶，并非是没有节制，伤害的部位是刘某荣的背部。（4）从罗某平案发后表现来看，其并没有意识到自己这一刀会造成刘某荣死亡的结果。罗某平刺了刘某荣一刀，在刘某荣跑了后，仍然与罗某江、罗某勇等人一起嬉玩，玩了一会儿就去睡觉了。第二天听说被杀的人伤势严重才跑出去躲避，过了几天就主动到公安机关投案自首了。综上，足以认定罗某平主观上积极追求伤害他人身体健康但不追求剥夺他人生命的后果，被害人的死亡出乎其意料。原审法院根据审理查明的事实和在案证据，认定原审被告人罗某平的行为构成故意伤害罪，适用法律正确，定性准确。”

11. 对诉讼程序方面的申诉理由回应。刑事诉讼程序是法律规定的为解决被追诉者刑事责任问题必须遵循的程序，包括立案、侦查、审查起诉、审判、执行等。司法机关及案件当事人在刑事诉讼活动中都必须严格依照法定程序进行诉讼活动。结果通知书必须紧紧围绕《刑事诉讼法》和最高人民法院《关于适用〈中华人民共和国刑事诉讼法〉的解释》、《人民检察院刑事诉讼规则》、《公安机关办理刑事案件程序规定》等规范性法律文件的相关规定来回应申诉理由。如王某明刑事申诉案，申诉人提出，其在侦查阶段要求重新鉴定被拒绝，程序违法。结果通知书回应为：“《公安机关办理刑事案件程序规定》（中华人民共和国公安部令第 127 号）第二百四十六条第一款规定：‘经审查，发现有下列情形之一的，经县级以上公安机关负责人批准，应当重新鉴定：（一）鉴定程序违法或者违反相关专业技术要求的；（二）鉴定机构、鉴定人不具备鉴定资质和条件的；（三）鉴定人故意作虚假鉴定或者违反回避规定的；（四）鉴定人意见依据明显不足的；（五）检材虚假或者被损坏的；(六)其他应当重新鉴定的情形。’第三款规定：‘经审查，不符合上述情形的，经县级以上公安机关负责人批准，作出不予重新鉴定的决定，并在作出决定后三日以内书面通知申请人。’《人体损伤程度鉴定标准》第4.1.3明确规定：‘对于以容貌损害或者组织器官功能障碍作为鉴定依据的，鉴定时应以损伤的后果为主，损伤当时伤情为辅，综合鉴定。’原案中，原审被告人王某明以鉴定时间与受伤时间相隔8个月程序违法，鉴定机构将‘撕裂’偷换成‘断裂’，鉴定人未对周某山是否存在‘左膝关节前交叉韧带断裂’进行检查等为由，向公安机关申请重新鉴定。公安机关审查后作出不准予重新鉴定告知，内中载明：‘1. 周某山左膝前交叉韧带部分撕裂Ⅲ－Ⅳ度，经医学专家会诊，认定周某山左膝前交叉韧带撕裂为Ⅳ度，即左膝前交叉韧带部分断裂。2. 周某山左膝前交叉韧带断裂，属于功能性损伤，必须依据伤情情况及恢复情况，作出鉴定。3. 根据《人体损伤程度鉴定标准释义》第4.1.3条、第5.9.4条规定，周某山左膝前交叉韧带断裂损伤程度为轻伤二级，鉴定机构具备鉴定资质，鉴定意见依据充足，检材真实有效，程序合法。根据《公安机关办理刑事案件程序规定》第二百四十六条第一款、第二款之规定，你委托律师申请对周某山伤情重新鉴定不符合重新鉴定条件，不准予重新鉴定。’综上，王某明申请对被害人伤情进行重新鉴定，但其申请重新鉴定的理由不符合《公安机关办理刑事案件程序规定》规定的应当重新鉴定的情形，公安机关不准予重新鉴定的决定符合前述相关规定，并书面通知了王某明，不存在程序违法问题；且鉴定机构的鉴定人在一审中已出庭接受询问，对鉴定意见进行了充分质证。申诉人该申诉理由不能成立。”

12. 表述格式需要注意的问题。结果通知书在写明审查认定的事实后，应直截了当地对申诉理由进行回应。实践中，不少结果通知书在写明审查认定的原案事实后，先作出申诉理由不能成立的结论（通常表述“本院认为，申诉人×××的行为构成××××罪，申诉理由不能成立，现回应如下”），接着对申诉理由进行回应，然后再次作出申诉理由不能成立的结论（通常表述“综上，本院认为，申诉人×××的申诉理由不能成立”），紧接着又在审查处理意见部分再次表述“申诉人的申诉理由不能成立”，导致表述重复、啰唆，影响结果通知书的总体观感，降低了结果通知书质量。

五、审查结论部分

审查结论是人民检察院（承办检察官）对刑事申诉案件进行审查或者复查后，对申诉理由是否成立、是否需要提出监督意见作出的处理决定，是结果通知书的结论部分。实践中，该部分的表述多种多样，笔者认为宜采取格式化的方式规范统一表述。

1. 格式化表述结论。对于审查或者复查结案的，通常表述为：“本院认为，某某市人民法院（20××）某××刑初××号刑事判决和某某市中级人民法院（20××）某××刑初××号刑事裁定认定事实清楚，证据确实、充分，适用法律正确，诉讼程序合法，处理适当。申诉人×××的申诉理由不能成立，本院不予支持，根据《人民检察院办理刑事申诉案件规定》第十八条之规定，现予审查结案。”其中，“适用法律正确，诉讼程序合法，处理（或者量刑）适当”系针对申诉理由选择使用。对于复查后作出决定抗诉、提出再审检察建议、改变原处理决定等结论的，文书格式样本亦作了具体规定，在此不再赘述。实践中，有的结果通知书在结论部分先表述原审被告人罪状、罪名，再评判量刑、诉讼程序，然后认定申诉理由不能成立，有画蛇添足之感。①

2. 审查主体。实践中，结果通知书中表述为“承办人审查认为”“承办人认为”的情形并不鲜见。审查处理结论虽然是案件承办人审查得出的意见，却是代表其所在人民检察院作出的结论。因此，在结果通知书中对审查主体的表述均应当表述为“本院”，而不能是“承办人”。

3. 审查结论依据。结果通知书应当列明人民检察院作出刑事申诉处理结论的依据。如审查或者复查结案的，应当援引《人民检察院办理刑事申诉案件规定》第十八条第一款第一项、第二项、第二款之规定，或者第四十三条第一项、第二项之规定；复查后认为人民检察院原作出的相对不起诉决定不当而应当作存疑不起诉决定的，应当援引《刑事诉讼法》第一百七十五条第四款或者《人民检察院刑事诉讼规则》第三百六十七条第二款之规定。

刑事申诉结果通知书的制作是一项精细工程，需要承办人秉持工匠精神和品质追求，精雕细琢每一个细节，精益求精，才能真正提供出优质的法律产品。以上结果通知书制作中的细节问题，仅是笔者一己之见，难免有不足和疏漏之处，敬请批评指正。

---

① 如陈 ×× 刑事申诉案，某省人民检察院作出的结果通知书相应的表述为：“本院认为，原审被告人陈 ×× 以非法占有为目的，伙同袁 ××、朱 ×× 等人，以虚构事实、隐瞒真相的方法共同骗取 ×× 公司存款，其行为构成诈骗罪。陈 ×× 为谋取不正当利益，给予公司人员、国家工作人员财物，数额巨大的行为，分别构成对非国家工作人员行贿罪、行贿罪。人民法院认定事实正确，证据确实、充分。陈 ×× 一人犯数罪，依法应当数罪并罚，人民法院根据陈 ×× 是主犯，有自首情节，对其定罪量刑，适用法律准确，量刑适当，审判程序合法。申诉人陈 ×× 的申诉理由不能成立，本院不予支持，根据《人民检察院办理刑事申诉案件规定》第十八条第一项之规定，决定审查结案。”

对“告诉才处理的犯罪撤回告诉”不承担国家赔偿责任的理解和适用
——办理刘某刑事赔偿复议案的几点启示

张春艳*

刑事赔偿是指行使侦查、检察、审判职权的机关以及看守所、监狱管理机关及其工作人员在行使刑事诉讼有关职权时，侵犯公民、法人和其他组织的合法权益造成损害，由国家承担赔偿责任的情形。它是国家赔偿法明确规定的国家赔偿类型之一，是对国家公权力侵害公民合法权益的一种救济方式，是宪法保障人权原则在国家赔偿领域中的具体体现。根据赔偿法定原则，只有在特定事由下，国家才可以免除赔偿责任。因此，准确理解适用《国家赔偿法》第十九条规定的免责条款，对于保障公民权利、回应群众关切、化解检察信访矛盾，具有重要意义。本文以刘某刑事赔偿复议案为例，对赔偿请求人基于公诉转自诉、自诉后法院裁定准予撤回自诉的原案而提出刑事赔偿的，赔偿义务机关援引《国家赔偿法》第十九条第三项不予赔偿是否符合法律规定进行分析，从中得到了几点办案启示，以期为检察机关办理同类案件提供参考。

---

* 山东省东营市人民检察院第七检察部主任，一级检察官。

一、基本案情

刘某系F婚庆公司会计。2018年2月7日，刘某因涉嫌挪用资金罪被某市D区公安机关刑事拘留，后因涉嫌职务侵占罪被某市D区检察院批准逮捕并起诉至法院。法院开庭审理后查明，在刘某实施犯罪行为时，F婚庆公司系个体工商户，而非公司、企业等单位，认为该案并非涉嫌职务侵占罪，而系告诉才处理的侵占罪。2019年6月26日，某市D区检察院以“证据发生变化”为由撤回起诉，D区法院裁定予以准许。同日某市D区公安机关申请撤回该案另案处理，并对刘某变更强制措施为取保候审。2019年8月2日，某市D区公安机关对刘某解除取保候审。刘某共被羁押500余天。2019年11月15日，F婚庆公司老板康某以刘某涉嫌侵占罪向法院提起刑事自诉，法院对被告人刘某采取取保候审强制措施。2020年9月21日，自诉人康某以“补充证据”为由撤回告诉，D区法院裁定准予撤诉，并对刘某解除取保候审。

2020年9月24日，刘某向某市D区检察院申请国家赔偿。某市D区检察院认为该案符合《国家赔偿法》第十九条第三项之“依照刑法告诉才处埋的犯罪，没有告诉或者撤回告诉的”情形，以本案属于国家赔偿法规定的免责情形为由决定不予赔偿。刘某不服，于2020年12月向某市人民检察院申请复议。某市人民检察院在审查刘某申请刑事赔偿复议一案期间，因康某再次以刘某犯侵占罪向某市D区人民法院提出刑事自诉，遂对刘某申请刑事赔偿复议一案中止审查。2021年11月18日，某市D区人民法院作出一审裁定，以自诉人康某提供的证据不足以证实被告人刘某将康某财产非法占为己有为由，驳回自诉人康某的起诉。康某不服，提出上诉。2022年12月7日，某市中级人民法院以证据不足为由，裁定驳回上诉，维持原裁定。某市人民检察院遂恢复对刘某申请刑事赔偿复议一案的审查。

二、对刑事赔偿复议案的处理

某市人民检察院对刘某申请刑事赔偿复议一案恢复审查后，办案组检察官对于该案是否应予以赔偿，有两种不同的意见。

第一种意见认为不应当赔偿。刘某因涉嫌挪用资金罪被刑事拘留，因涉嫌职务侵占罪被批准逮捕并提起公诉，在法庭审理过程中发现刘某不符合职务侵占罪的犯罪构成要件，而是涉嫌侵占罪，属于刑法规定的告诉才处理的刑事自诉案件，检察机关遂撤回起诉。从上述原案经过可知，检察机关撤回起诉不是因为刘某无罪，而是因为没有管辖权无法追究其刑事责任。同时，根据《国家赔偿法》第十九条第三项的规定，依照 2012 年《刑事诉讼法》第十五条第四项（现行《刑事诉讼法》第十六条第四项，即依照刑法告诉才处理的犯罪，没有告诉或者撤回告诉的）规定不追究刑事责任的人被羁押的，国家不承担赔偿责任。自诉人康某以补充证据为由申请撤回刑事自诉，法院也裁定准许，属于《刑事诉讼法》第十六条第四项“撤回告诉”的情形，故该案应适用《国家赔偿法》第十九条第三项的规定，国家不承担赔偿责任。

第二种意见认为应当赔偿。《国家赔偿法》第十九条第三项规定的不追究刑事责任的人被羁押而国家不承担赔偿责任情形，其本质是该人的行为本身构成犯罪，但因符合特定法律规定而不追究刑事责任，而刑事司法机关处理有关案件的职权行为没有错误或违法之处。《刑事诉讼法》第十六条第四项“依照刑法告诉才处理的犯罪，没有告诉或撤回告诉的”不追究刑事责任的规定，包含三层含义：一是该行为构成犯罪，即行为本身触犯刑法，具备犯罪构成要件；二是国家刑事司法公权力介入后，发现涉嫌犯罪行为是告诉才处理的犯罪而受害人又“没有告诉”的，因为不具备追诉的条件，正在追究刑事责任的，要通过撤销案件、作出不起诉或终止审理、宣告无罪来终止追究刑事责任；三是国家刑事司法公权力未介入，受害人如果自行告诉后又撤回告诉的，终止追究刑事责任。以上三层含义的核心是，行为人的行为构成“告诉才处理”的犯罪，因符合法定情形对该犯罪行为终止追究刑事责任。本案康某再次以刘某犯侵占罪向法院提出刑事自诉后，一审法院裁定驳回起诉，二审法院予以维持。也就是说，行为人的行为并不构成“告诉才处理”的犯罪，因此不适用《国家赔偿法》第十九条第三项规定的国家赔偿免责条款。

针对上述两种不同的意见，某市人民检察院召开检委会，对该案进行了充分的分析讨论。经讨论认为，公诉案件和自诉案件是两个不同的环节，公诉案件撤回后，未再行起诉或作出不起诉决定，犯罪嫌疑人被撤销取保候审措施后已满一年，属于视为“终止追究刑事责任的情形”，且刑事自诉案件二审已生效，此后即使刑事自诉原告补充完证据再行起诉，也不影响赔偿案件的办理。检委会一致同意，该案符合赔偿条件。2023 年 5 月，某市人民检察院与申请人协商并取得其同意后，将该案交赔偿义务机关重新立案办理。2023 年 7 月，某市 D 区检察院对该案作出予以国家赔偿的决定，并及时将赔偿金支付到位。申请人刘某认可赔偿结果，当场表示息诉息访。

三、几点启示

刘某申请刑事赔偿复议一案，涉及公诉案件转自诉案件后被羁押是否应予以国家赔偿问题，以及对检察机关撤回起诉和刑事自诉人告诉才处理等有关法律规定理解问题。笔者作为承办人之一，通过办理该案，对检察机关办理公诉案件转自诉案件后被羁押的刑事赔偿案件，认为有以下几点办案启示。

（一）要正确理解刑事自诉案件中的撤回起诉和撤回告诉的含义，才能准确把握《国家赔偿法》第十九条第三项国家不承担赔偿责任的情形

原案涉嫌侵占罪，依照刑法规定属于告诉才处理的犯罪，系刑事自诉案件。虽然自诉人撤回了刑事自诉，但并没有放弃追究刑事责任。“撤回起诉”与“撤回告诉”并不是完全等同的概念，自诉案件“撤回告诉”是放弃追究对方的刑事责任，而“撤回起诉”有两种情形：一种情形是因刑事和解等原因自愿选择撤回自诉，不再追究当事人刑事责任，如果再自诉，法院不予受理；另一种情形是因证据不足等原因，刑事自诉人以补充证据为由撤回自诉，日后再提起刑事自诉，法院可以受理。后一种情形的撤诉，不属于《刑事诉讼法》第十六条规定的“撤回告诉”情形，而是法院审理程序的暂时中断，随时会因受害人的再次提起刑事自诉而启动责任追究。该案受害人在第一次以补充证据为由撤诉后，第二次提起自诉又因“未有新证据”被驳回，显然，本案的撤诉是证据问题，不是自愿放弃追求刑事责任的问题，不属于《刑事诉讼法》第十六条规定的“撤回告诉”的情形，因而不属于国家赔偿免责情形。如果该案一直处于“撤回告诉”状态，因证据不足无法定罪而予以赔偿后，将来受害人有新的证据再次起诉追究其刑事责任，当事人羁押期限可折抵刑期，但需退回赔偿金。

（二）在自诉案件已经启动的情况下，可征得申请人同意后，暂时中止赔偿案件办理

告诉才处理的案件的被告人，一般与被害人有特殊的利害关系，受害人会根据情况决定是否告诉，没有告诉或者撤回告诉，是受害人

的自愿选择，是放弃追究犯罪嫌疑人刑事责任的明确意思表示。刘某因公诉案件被羁押，当公诉案件转为自诉案件后，原公诉案件应视为终止追究刑事责任，自诉案件不能简单地理解为公诉案件的继续，不能因自诉案件程序及结果而否定原案犯罪嫌疑人被羁押的事实。但是，如果自诉案件已经启动，其判决结果则可能影响赔偿案件办理。若自诉罪名成立，且法院判决是以相同事实和证据对其定罪量刑，当事人羁押期限可折抵刑期，不再需要予以国家赔偿；若自诉罪名不成立，赔偿义务机关则应予以赔偿。鉴于刑事诉讼中的自诉案件结果可能影响国家赔偿，可以充分与申请人协商后，赔偿案件暂时中止办理。

（三）公诉案件因犯罪主体不适格转化为自诉案件后，原公诉案件应予撤案

刘某因职务侵占罪被羁押，先后经过侦查、起诉、审理，后发现犯罪主体不适格，不属于公诉机关指控的犯罪。案件撤回后，未再行起诉或作出不起诉决定，公安也未撤案。根据最高人民法院、最高人民检察院《关于办理刑事赔偿案件适用法律若干问题的解释》第二条的规定，解除、撤销拘留或者逮捕措施后虽尚未撤销案件、作出不起诉决定或者判决宣告无罪，但是符合“取保候审、监视居住法定期限届满后，办案机关超过一年未移送起诉、作出不起诉决定或者撤销案件的”规定，属于《国家赔偿法》第十七条第一项、第二项规定的终止追究刑事责任，该案公诉案件已经视为终止追究刑事责任，应当建议侦查机关撤案。

（四）国家赔偿应当严格适用免责条款，最大限度保障公民合法权益

刑事司法权力在运行的过程中，不可避免地会在个别情形下对他人的合法权益造成损害。当个体合法利益受损时，应在多大范围内免

除国家赔偿责任，既要综合考虑社会对国家赔偿的一般认识以及刑事司法的职能特点，又要兼顾法治建设的逐步完善和公民法治意识不断增强的过程，防止办案机关以国家赔偿法定性为由过度自我保护，利用免责条款作为赔偿的“挡箭牌”。检察机关应践行以人民为中心理念，加大对公民合法权益的法律保护，坚持应赔尽赔、当赔则赔。对于法院裁定准予撤诉的自诉案件，不能一律适用《国家赔偿法》第十九条第三项的规定予以免责。对于犯罪事实清楚，证据确实、充分的刑事自诉案件，刑事自诉人自愿撤回告诉，法院裁定准予撤诉的，国家不予赔偿。对于事实不清、证据不足的自诉案件，当事人以补充证据为由提出撤诉申请，法院裁定准予撤诉的，国家应承担赔偿责任。

Dianxing Anli

典型案例

编者按：为全面贯彻习近平法治思想和习近平总书记关于加强和改进人民信访工作的重要思想，坚持和发展新时代“枫桥经验”，坚持高质效办好每一个检察信访案件，进一步推动检察长等领导干部接访下访、包案化解信访矛盾常态化、长效化，最高人民检察院第十检察厅发布了多批次的院领导接访下访包案办理疑难复杂信访案件和实质性化解重复信访积案典型案例。现予摘选编发，供各地学习参考。

广西林某刑事申诉接访下访包案化解案

【关键词】

院领导包案首次信访　监督纠正错误决定　监督执行民事赔偿　双方和解

【案件基本情况】

申诉人林某，系原案被害人。2018 年 2 月 13 日，犯罪嫌疑人吴某酒后驾驶小轿车与申诉人林某驾驶的小轿车发生碰撞，造成林某和吴某受伤及两车损坏的道路交通事故。经鉴定，林某、吴某的损伤程度均为轻伤一级。广西壮族自治区忻城县公安局交通管理大队认定吴某醉酒驾驶应承担事故全部责任，林某无责任，并以吴某涉嫌危险驾驶罪移送忻城县人民检察院审查起诉。

因血样保管和送检日期不符合规范，2018 年 10 月 10 日，忻城县公安局书面申请忻城县人民检察院撤回移送起诉，忻城县人民检察院于 2018 年 10 月 15 日同意该局撤回案件。

2021 年 7 月 13 日，忻城县公安局在没有补充新的证据材料的情况下，再次将该案移送忻城县人民检察院审查起诉。忻城县人民检察院经审查，认为本案因鉴定检材的保管和送检不符合相关规定，导致定罪的关键证据“酒精含量鉴定意见书”不能采信，经两次补充侦查，仍然认为犯罪嫌疑人吴某构成危险驾驶罪证据不足，不符合起诉条件，于同月 27 日依法对吴某作出不起诉决定。同时，针对忻城县公安局在办理该案中的侦查不规范行为向忻城县公安局发出纠正违法通知书。2021 年 7 月 28 日，忻城县公安局书面回复忻城县人民检察院，针对该院提出的问题，要求所有办案民警在办理类似案件过程中，坚决按照相关规定规范抽取、保管及送检血样，并全程录音录像，保证收集的证据合法、有效。

办案过程中，承办人均依法告知了犯罪嫌疑人和被害人相关权利义务，向被害人林某反复解释了对犯罪嫌疑人作不起诉的理由和其他救济途径，林某未向来宾市人民检察院及忻城县人民检察院提出申诉。后林某以吴某为被告向忻城县人民法院提起民事诉讼，法院判决吴某向林某履行赔偿义务，但吴某未按时足额履行赔偿义务。

2021 年 12 月 31 日，林某因对吴某没有被追究刑事责任又没有足额履行民事赔偿心存不满，向忻城县政法委反映，要求对吴某危险驾驶一案进行惩处。同日，忻城县政法委将其信访情况移交忻城县人民检察院办理。

【院领导接访下访包案办理情况】

忻城县人民检察院收到林某的信访材料后，检察长高度重视，于 2022 年 1 月 6 日接访了林某。经了解，林某在事故发生后就赔偿问题多次向公安机关、人民法院等部门提出诉求，但均未得到根本解决。林某心存不满，扬言采取冲撞吴某等其他极端方式维权。为确保不发生极端维权事件，检察长牵头抽调刑事、民事、控申部门干警组成办案组，合力开展化解工作。

在做好林某思想工作的同时，忻城县人民检察院及时对吴某危险驾驶一案进行全面审查，对原案在事实认定、程序适用、证据采信、法律定性等开展反向审视。考虑到林某主要对吴某的民事赔偿不服，而民事赔偿系由来宾市中院作出生效判决并由忻城县法院作出执行裁定并具体执行，忻城县人民检察院遂于2022年1月13日决定提请来宾市人民检察院同步调阅来宾市中级人民法院卷宗，审查民事裁判情况，忻城县人民检察院则对判决执行情况进行审查。经上下两级院审查，认为忻城县人民检察院对吴某危险驾驶一案不予起诉主要原因是公安机关送检程序不规范所致，同时，民事赔偿问题并非被执行人不愿履行而是履行不能，原不起诉决定和法院执行不存在违法问题。

但办案组在接访林某过程中，发现其手臂未能正常屈伸，肢体功能仍未恢复正常，其伤情可能构成重伤。2022年1月7日，办案组召集公安机关办案人员分析研判，建议公安机关对林某人身损伤程度重新进行鉴定，并以该案可能构成交通肇事罪为由建议调整侦查方向，完善相关证据。通过补充收集林某新的病历材料，鉴定机构出具鉴定意见认为林某因本次交通事故所致损伤程度为重伤二级。2022年1月30日，公安机关以上述鉴定意见为主要依据，以吴某涉嫌交通肇事罪提请忻城县人民检察院批准逮捕吴某，忻城县人民检察院依法对吴某作出批准逮捕决定。

2022年2月14日，公安机关将吴某涉嫌交通肇事一案移送忻城县人民检察院审查起诉。考虑到本案发生的主要原因是双方当事人不能就赔偿问题达成协议，为了化解双方矛盾，忻城县人民检察院将工作重点放在民事赔偿上。一是告知吴某履行赔偿义务是从宽处理的量刑情节，积极动员其家属筹款赔偿，争取获得从宽处理；二是及时了解吴某家庭人口、经济就业情况并向林某反馈，充分考虑双方合理诉求和经济负担能力，为促成双方当事人和解牵针引线；三是为确保和解的真实性与合法性，组织法院执行法官、辩护律师、当事人家属现场见证刑事和解全过程，做好民事裁判执行与刑事办理衔接工作。2022 年 2 月 5 日，在检察长主持调解下，肇事方吴某家属代为赔偿被害人林某 16 万元，双方当事人自愿签署和解协议书。林某对忻城县人民检察院的认真履职表示感谢，并自愿签订息诉息访承诺书，承诺不再就同一事项提出信访。2022 年 3 月 11 日，忻城县人民检察院以吴某涉嫌交通肇事罪向法院提起公诉，忻城县人民法院依法判处被告人吴某有期徒刑 1 年 4 个月，缓刑 2 年。

【典型意义】

本案系基层检察院落实院领导包案办理首次信访案件的典型案例。本案中，忻城县人民检察院检察长包案、下访接访，强化院领导带头办案的主体责任，能动履职，因案施策，多措并举，高效调动司法资源化解信访矛盾，积极引导公安机关开展补充侦查工作，监督人民法院的执行工作，促成当事人双方和解，保障了当事人的合法权益，真正实现了法、理、情相统一。

广东某商场申请立案监督接访下访包案化解案

【关键词】

院领导包案首次信访　立案监督　涉非公经济保护　履行监督职责

【案件基本情况】

申诉单位广东省某商场，经营场所所在地广东省肇庆市鼎湖区，系原案被害单位。

2020 年 8 月，谢某入职某商场，任收银员一职。商场收银模式为收银员将顾客购买的商品经收银机录入后收款，如果顾客现金支付，则由收银员收取现金，并立即放入收银柜。2021 年 8 月至 11 月，谢某将顾客购买的商品经收银机录入后，私自删除部分商品销售记录，并将收取的部分现金藏入口袋，下班后带出商场，据为己有。谢某通过这种方式共盗窃商场收银款总计 115266.1 元。

2021 年 11 月 27 日，申诉单位发现谢某上述行为后，立即向广东省肇庆市公安局鼎湖分局莲花派出所报警，但公安机关认定不属于其管辖范围，出具不予调查处理告知书，不予立案处理。

2022 年 1 月 28 日，申诉单位以谢某犯职务侵占罪为由向肇庆市鼎湖区人民法院提起自诉，法院于 2022 年 2 月 7 日作出刑事裁定，认为本案不属于由人民法院直接受理的自诉案件范围，不予受理申诉单位的自诉。申诉单位不服，于 2022 年 3 月 7 日委托代理人向肇庆市鼎湖区人民检察院提出立案监督申请，请求检察机关依法监督公安机关立案侦查，维护其合法权益。

【院领导接访下访包案办理情况】

肇庆市鼎湖区人民检察院控告申诉检察部门收到申诉单位的立案监督申请后，经初步审查，认为该案属于涉非公经济权益保护的刑事犯罪案件，按照院领导包案办理首次信访活动的相关要求，决定由该院副检察长包案办理。副检察长第一时间接访了申请人，审阅了申请人提交的证据材料，充分听取了申请人及其代理律师的意见，当日便开启了民营企业法律服务“绿色通道”，迅速作出受理决定，并完成 7 日内程序性回复，切实做到当日接访、当日受理、当日回复。

受理该案后，副检察长靠前指挥，成立办案组，走访了某商场的经营场所，了解该商场的经营模式和收银工作的操作细节。同时，听取公安机关原侦查人员意见，了解其作出不予调查处理决定的理由和法律依据。

在全面走访调查的基础上，副检察长召集办案组及相关业务部门检察官研究该案，围绕该案争议焦点——罪名认定、法律适用等问题进行分析研判，大家一致认为该案涉嫌盗窃罪，公安机关不予调查处理决定有误，决定向公安机关发出要求说明不立案理由通知书，要求公安机关说明不立案理由。

公安机关对检察机关的决定高度重视，经研究，于 2022 年 3 月 11 日作出了立案决定，并告知申请人。副检察长也于 2022 年 3 月 14 日书面答复了申请人。申请人对检察机关所做工作表示感激，同时表示相信公安机关和检察机关将依法依规办理该案后续的侦查和审查工作。

在公安机关侦查过程中，被告人谢某于2022年5月9日投案自首。2022年8月17日，肇庆市鼎湖区人民检察院以被告人谢某涉嫌盗窃罪向肇庆市鼎湖区人民法院提起公诉。2022年9月8日，肇庆市鼎湖区人民法院作出一审判决，以盗窃罪判处谢某有期徒刑1年6个月，并处罚金2000元。被告人未上诉，判决已生效。

【典型意义】

本案系检察长包案办理涉非公经济控告申诉案件的典型案例。涉非公经济控告申诉案件，关乎非公经济权益保护问题，如处理不当，易影响社会稳定。检察长包案办理，将矛盾化解在基层，问题解决在首办环节，体现出检察机关服务保障非公有制经济健康发展的责任担当。该案办理时，一是充分利用12309检察服务中心，启用民营企业法律服务“绿色通道”，对涉非公经济控告申诉案件优先接待、快速受理、依法办理，提升办案效率，为非公经济发展营造更好的司法环境。二是检察长接访+包案，精准把握案件情况。检察长接访，充分听取申请人意见，了解其诉求请求；检察长包案，细致审查案件材料，深入开展走访调查，全面分析研判，为正确处理该案奠定了基础。三是能动履行监督职责，检察机关及时向公安机关发出要求说明不立案理由通知书，并依法履职，打击犯罪，维护和保障了申请人合法权益。

江苏赵某申请立案监督接访下访包案化解案

【关键词】

网络诽谤　手机实名制　刑事自诉　撤回监督申请

【基本案情】

2021 年 3 月 5 日，被害人赵某发现有人在本地某论坛发帖捏造事实，污蔑其破坏同事的婚姻关系，内容不仅有具体姓名、工作单位，甚至还配有赵某的肖像图片。帖子发出后，被网站置于热门位置，浏览量超两万，对赵某及其工作单位造成了严重的负面影响。网帖发布 20 小时后被网站删除。赵某当天即向公安机关报警，请求查找相关发帖人并依法处理，公安机关以该案虽涉嫌诽谤犯罪，但不符合公诉条件，属于自诉案件为由，作出了不立案决定。赵某随后向法院提起自诉，法院以该案无明确的被告人，不符合自诉案件的立案条件为由不予受理。赵某不服，在律师的陪同下向常州市新北区人民检察院申请立案监督。

【院领导接访下访包案办理情况】

赵某由于在公安机关和法院均未得到满意的处理结果，又因事件的持续发酵而被医院诊断患有“急性应激障碍”，来访时情绪激动。接访人员立即向分管院领导报告，根据院领导包案办理首次信访的有关规定，本案由分管控申工作的院领导包案办理。

包案院领导通过向赵某及其律师了解情况、走访赵某工作单位和网络平台运营商，召开检察官联席会议讨论后认为，某网民发帖捏造事实诽谤赵某的行为确已涉嫌诽谤罪，但因尚不符合“自诉转公诉”的条件，仍属于自诉案件范畴，不符合立案监督条件。但如果直接作出不支持立案监督申请的决定，虽然符合法律规定，却不能维护赵某的合法权益，还会加大对赵某的心理打击。本案的关键是网络平台运营商拒绝向个人提供发帖人的身份信息，导致赵某无法提起自诉，建议赵某向法院提起民事诉讼，网络平台运营商因对其未经核实即将案涉网帖发布，侵犯了赵某的名誉权，应承担民事责任并提供发帖人的真实身份信息。

赵某听取了检察机关的建议，向江苏省常州市新北区人民法院提起民事诉讼。诉讼中，网络平台运营商在法院的要求下，提供了发帖人注册用户时提供的手机号码，代理律师持法院调查令前往通讯运营商处调取了手机号码的实名信息。在此基础上，赵某向检察机关撤回立案监督申请并向法院提起刑事自诉。法院经审查发现，被告人并非实施诽谤行为的犯罪嫌疑人，而是有人冒用其身份注册了手机号码并实施了犯罪行为。审理中，法院根据《刑法》第二百四十六条第三款的规定要求公安机关采用技术侦查手段协助查明犯罪嫌疑人。经侦查，公安机关最终确定实施诽谤行为的犯罪嫌疑人为赵某同事的妻子李某。

为尽快恢复赵某的名誉，化解矛盾，减少诉累，检察机关组织赵某和李某开展和解工作。李某对出于猜疑心理捏造事实诽谤他人表示悔意，希望赵某不再追究其刑事责任。赵某面对查明的真相，终于放下了心理包袱，洗清了破坏他人婚姻的污名，出于对同事家庭和睦的考虑，在接受了李某的诚恳道歉后，表示不再提起自诉。2023 年 2 月，赵某与男友注册登记结婚，回归了正常生活。

包案院领导针对在办理此案中发现的手机实名制落实不到位、网络诽谤维权难等问题，开展专题调研，并以政协委员身份向当地人大常委会提交议案，呼吁全社会关注社会发展中面临的新问题新动向。

【典型意义】

基层院领导包案办理立案监督案件，系院领导包案办理首次信访“三类案件”之一。最高检要求基层院检察长带头办理首次到检察机关信访案件，落实首办责任，就地及时化解纠纷，其目的在于防止矛盾上行，预防和减少重复信访积案。本案中，网络发帖人借助网络等现代传播信息手段，捏造、散布虚假信息，损害他人名誉的诽谤行为，给被害人的身心、生活和工作造成严重影响，但网络诽谤行为却因发帖人的虚拟性、隐秘性，且大部分属于自诉案件，导致被害人维权难。检察机关办理此类申请立案监督案件时，不能以自诉案件为由不支持立案监督申请而就案办案，应对个案进行具体分析研判，借助院领导包案办理的优势，协调多部门，协助被害人找到破解问题的办法，从实质上化解信访矛盾，并呼吁全社会关注新问题，实现社会综合治理。

安徽蔡某娥重复信访接访下访包案化解案

【关键词】

检察长接访　法治化轨道　再审检察建议　息诉罢访

【基本案情】

2009 年，方某成立安徽省宏一投资有限公司（以下简称宏一公司），后入股池州市美思佳油脂有限公司，在未取得金融业务许可证的情况下，以宏一公司、章某俊、桂某平等名义对外向多人非法高利放贷，放贷资金大多来源于两家公司账户和其个人财产。2013 年以来，方某为强索放贷本金及高额利息，先后纠集他人采用暴力、滋扰、纠缠、威胁等手段向被害人及其家属催讨债务，逼迫被害人及其家属偿还高利借款本息，致使被害人家庭破裂、财产损失、精神恐惧，对被害人及其家人的正常生活、工作造成严重影响；为索债指使他人非法侵入住宅，为非作恶，欺压百姓，扰乱经济、社会生活秩序，造成恶劣社会影响，逐步形成了以方某为纠集者，以章某付、查某锋为成员的恶势力。

2020 年 5 月 18 日，池州市中级人民法院二审经审理，以非法侵入住宅罪、故意毁坏财物罪、寻衅滋事罪判处方某有期徒刑 5 年。方某母亲蔡某娥向池州市中级人民法院、安徽省高级人民法院申诉，相继被驳回后，以原审判决未对方某立功情节予以认定为由，持续向各级司法机关信访。

【院领导接访下访包案办理情况】

检察长亲自接访，引导通过法律途径解决问题。本案由安徽省人民检察院检察长包案办理。2021 年 12 月 30 日，检察长在池州市乌沙镇公开接访了蔡某娥。蔡某娥称不否认法院对该案的定性，但其子方某有检举立功情节司法机关没有认定，要求检察机关予以监督、核实。检察长认真听取诉求，仔细向其释法说理，并告知蔡某娥可依法通过申诉渠道反映问题。2022 年 2 月 14 日，蔡某娥向池州市人民检察院提出刑事申诉。

分管院领导包案，依法能动履行全面审查案件。蔡某娥申诉案系首次刑事申诉案件，池州市人民检察院根据院领导包案办理首次信访的有关规定，依法受理本案后，由分管领导包案办理。包案领导组织成立办案组，多次当面听取申诉人意见，并调取了原案卷宗全面审查，与公安机关进行调查核实，调阅相关线索材料，组织相关办案人员座谈。经审查认为原案被告人方某可能存有立功情节法院判决未予认定的情形，决定立案复查。

认真核实证据，决定启动审判监督程序。办案组全面审查了卷宗材料，调查核实了原案被告人方某检举他人犯罪情况，并就被公安机关查否的检举行为是否构成“立功”等情况进行分析论证。包案院领导又与公安机关沟通，要求对信访人反映的情况认真核查，根据核查情况出具检举情况说明材料。同时，邀请多部门员额检察官参与检察官联席会议，对原案被告人方某检举行为性质认定、适用审判监督程序还是减刑程序等问题进行会商讨论。在充分听取上级检察机关、审判机关和高校法学教授的意见后，办案组决定适用审判监督程序启动本案再审。

依法履职尽责，确保案件客观公正处理。鉴于原案涉恶的特殊情况，考虑缩短诉讼周期、简化诉讼程序、提高办案质效，池州市院检察委员会研究决定采用“柔性”监督方式，向池州市中级人民法院提出再审检察建议，建议审判机关启动审判监督程序。池州市中级人民法院经审查，决定再审。经开庭审理，认为原审判决未认定方某有立功情节导致对其量刑不当，依法改判方某有期徒刑4年。改判后，申诉人蔡某娥非常感激检察机关，书写感谢信，并向检察长赠送了锦旗，表示将教育感化方某认罪服法，好好改造，早日回归社会，做个遵纪守法的公民。

【典型意义】

“将信访纳入法治化轨道，保障合理合法诉求依照法律规定和程序就能得到合理合法的结果”是做好新时期信访工作的基本遵循。本案中，检察机关通过积极引导人民群众按照司法途径解决涉法涉诉信访问题，用法治思维和法治方式解决信访问题，引导广大群众形成遇事找法、办事依法、解决问题用法、化解矛盾靠法的良好法治氛围。检察机关在办案过程中，严格落实“首办＋包案”责任，领导亲自接访、多次听取意见，亲自阅卷指导，发挥了“头雁效应”，推动了矛盾纠纷实质性化解。同时，上级检察机关的依法督促指导、检察委员会研究决定启动审判监督程序、选择“柔性”监督方式、检察机关部门间的合力协作、案件承办人的释法说理等，确保了法律的统一正确实施，实现了重复信访案件案结事了、事心双解。

辽宁丁某重复信访接访下访包案化解案

【关键词】

缠闹访案件　领导包案　情理法结合　一体化推进

【基本案情】

2010 年 5 月 20 日，信访人丁某与前妻赵某兰经盖州市人民法院调解协议离婚，长女丁某娇、次女丁某杰随赵某兰生活，由赵某兰监护。丁某娇现年 37 岁，于 2011 年患精神分裂症，多次住院治疗。2021 年 5 月 14 日，丁某到盖州市人民法院提起民事诉讼，以赵某兰给丁某娇下药投毒为由，要求收回丁某娇的监护权。盖州市人民法院经审理于 2021 年 7 月 29 日驳回其诉讼请求。丁某不服，上诉至营口市中级人民法院，营口市中级人民法院经审理于 2021 年 10 月 25 日驳回上诉，维持原判。丁某仍不服，向营口市中级人民法院提出再审申请。营口市中级人民法院再审认为，丁某娇患精神分裂症后，一直由赵某兰进行监护，丁某主张赵某兰的监护损害了丁某娇的人身权利，但并未提供充分的证据加以证明，且赵某兰对此予以否认，故原审判决并无不当，裁定驳回丁某的再审申请。丁某仍不服，于 2022 年 2 月 14 日向营口市人民检察院提出民事诉讼监督申请，并多次到检察机关、人大、妇联等单位缠闹访，经多次劝说仍拒不配合，严重扰乱办公秩序。

【院领导接访下访包案办理情况】

鉴于该案信访风险较大，营口市人民检察院确定由检察长包案办理，落细落实包案化解责任，并由民行、控申等部门共同组成办案组，联合盖州市人民检察院共同化解。

本案案情并不复杂，涉及的监护权纠纷亦在十年前经过双方调解已达成合意，但丁某却采取极端方式反复信访，其中必有“症结”。办案组多次接待丁某，当面听取其诉求，丁某情绪激动，强调其前妻赵某兰给女儿丁某娇下毒，要求必须要回女儿的监护权。针对其诉求，办案组决定进一步调查核实，实地走访了丁某前妻赵某兰及所在地基层组织、派出所，了解赵某兰照顾女儿的有关情况。经调查，丁某娇患有精神疾病，无劳动能力，由母亲赵某兰照顾。丁某娇近年来患上较重的皮肤病，部分皮肤出血留痕。信访人丁某性格偏执，精神状态不好，离婚后独自生活，无业，看到女儿的伤痕后，误以为系其前妻赵某兰给女儿下毒所致，反复到公安机关、妇联、信访局等部门信访。办案组通过综合调查，认为丁某反映情况失实，丁某娇由其母亲赵某兰照顾最为妥当，于2022年4月13日依法作出不支持监督的决定。

丁某信访虽然可以认定为“无理访”，但包案院领导并没有就案办案，而是坚持问题导向，有针对性地开展化解工作。一是耐心接待消除疑虑。包案院领导和办案组多次耐心接待丁某，从法理情理角度反复劝说，消除信访人的对立情绪。二是联合说理纾解情绪。办案组与律师、属地民警一起上门释法说理，向丁某进一步说明检察机关不支持监督决定的认定事实和法律适用等问题，解开其法律方面的心结，并进一步了解丁某的家庭、生活等情况。三是有力措施解开心结。包案院领导分别与营口市信访局局长、盖州市市委副书记、盖州市市长联系，协调安排丁某女儿治疗事宜，盖州市东城办事处副书记自筹资金1万余元，与派出所民警多次带丁某娇到医院看病治疗，丁某娇病情得到有效缓解。两级检察机关多次到赵某兰家里，看望丁某娇，并送去米、面、油等生活用品，解决了丁某最关心的问题。四是社会救助及时帮扶。针对丁某目前独自生活、无业的情况，盖州市人民检察院联系盖州市东城办事处帮助其办理低保事宜，联系盖州市妇联将丁某女儿纳入社会救助的重点对象，持续开展心理咨询、生活帮扶等救助工作。

随着各项帮扶措施相继落实，特别是丁某女儿的病情得到有效缓解，其精神状态日益改善，丁某对检察机关的工作非常满意，再也不到检察机关和相关单位缠闹访，此案得以实质性化解。

【典型意义】

此案系检察机关实质性化解“无理”缠闹访案件的典型案例。本案中，营口市人民检察院坚持群众事无小事，坚持信访工作“三到位一处理”原则，敢于担当、敢于负责，推动相关单位解决信访人及其家人的迫切需求，最终促进该案实质性化解。在该案化解过程中，营口市人民检察院探索出信访、综治、矛盾纠纷化解“一体化”推进的工作方式，构建了领导带头包案高位推动、基层干部合力攻坚、多部门共同参与的信访工作格局，是检察机关推进市域社会治理的有效体现。

Jingyan Jiaoliu

经验交流

浙江省金华市检察机关深化干部下基层开展信访工作助推重复信访积案实质性化解的主要做法

鲍庆华　宁　铭*

2023年，浙江省金华市检察机关坚持以习近平新时代中国特色社会主义思想为指导，全面贯彻习近平法治思想和习近平总书记关于加强和改进人民信访工作的重要思想，坚持和发展新时代“枫桥经验”，推广运用“干部下基层开展信访工作”经验，探索推行主要院领导办理信访，促进重复信访积案治理实现“最优解”，努力把矛盾纠纷化解在基层和萌芽状态，切实推进检察信访工作法治化。最高检和省院交办重复信访积案实质性化解率83.33%，取得明显成效。

一、坚持制度创新抓常抓长，力促积案化解规范化、常态化

化解重复信访积案，既要从根源上“破”，更要从制度上“立”。金华市检察机关创新建立“领导包案 + 下访接访 + 专班运作”工作机制，力促信访积案化解制度化、规范化、常态化。

一是建立健全领导包案机制。金华市院、浦江县院分别出台《领导班子成员接访、办理群众信访案件工作办法》《首次信访案件院领

* 鲍庆华，浙江省金华市人民检察院检察委员会专职委员，四级高级检察官；宁铭，浙江省金华市浦江县人民检察院第六检察部主任，一级检察官。

导包案办理工作办法》《以“干部下基层开展信访工作”引领检察办案防范化解矛盾纠纷的工作指引》等，明确疑难复杂信访案件由院领导包阅卷、包审查、包督办、包结案、包化解、包稳控，压实首办责任和属地责任，实现“头雁领航、群雁齐飞”。上级检察机关交办的 12 起重复信访案件均由院领导包案办理，其中签订息诉息访承诺书 5 件，系省市县三级院分管检察长同步包案。

二是建立健全下访接访机制。金华市院制定《检察官参与市级领导干部下访接待群众工作若干规定（试行）》，浦江县院制定《组建检察官团队对接乡镇街道矛调中心的实施意见》，并在全县所有乡镇设立检察官联络站，义乌市院在国际商贸城设立涉企案件治理检察办公室，东阳市院设立“老娘舅工作室”等，打造矛盾化解前沿阵地。坚持完善“检察长接待日”制度，金华市院检察长连续三年以循环制方式赴县级社会治理中心接访全覆盖，市县两级院领导定期到 12309 检察服务中心、乡镇检察室、检察官联络站等现场接访，通过访前调查准备、访中会商研究、访后限期办结，形成领导干部“下访接访”工作闭环，力争把矛盾纠纷化解在信访人家门口。如陈某华信访案，金华市院检察长会同婺城区委政法委、信访局、婺城区院等部门主要领导到区社会治理中心现场接访陈某华，面对面倾听诉求、释法说理、劝解疏导，赢得信访人充分信任，信访人口头承诺不再信访，达到事半功倍效果。

三是建立健全专班运作机制。根据信访所涉业务性质，成立省市县三级检察机关院领导包案、控申及相关业务部门业务骨干组成的“井”字形融合化解专班，形成纵向联动、横向协同、一体履职的矛盾化解工作格局。通过专题会商研判案情，追溯信访根源，梳理案件事实、诉求焦点，不断优化完善化解方案，切实提升化解矛盾聚合力。

二、坚持问题导向，加强调查核实，找准积案化解切入点、突破口

针对重复信访积案大多历时久远，信访人“心结”“法结”深重的情况，做足做好调查核实，精准掌握信访人法治诉求、执念症结、心理预期，为开展释法说理、有效化解矛盾夯实基础。

一是全面核查合法诉求。如方某法十余年信访积案，浦江县院通过调阅审查原案卷宗，听取公检法承办人意见等方式，针对信访诉求逐项核实，分析研判事实证据，对没有作案时间、侦查机关存在刑讯逼供等不能成立的理由，在作出不支持申诉理由的同时开展释法说理。邀请方某法的儿子和弟弟前往监狱，与方某法的监狱管教民警共同面对面倾听方某法的诉讼经历、信访诉求，进一步厘清诉求焦点、疑点，兼顾事理、法理、情理多维度，从事实认定、证据采信、法律适用等方面逐一深入分析最高检、省院和省高法对其信访事项处理结果的依据和理由，方某法自愿服判息诉。

二是找准信访执念症结。通过信访人亲属、邻友及监狱管教民警，多方了解信访人的思想动态、心理预期、执念症结。如于某光等人信访案，因于某光在浙江某监狱服刑，其女儿常住外地，遂利用“互联网+信访”方式，多次通过电话和视频与其女儿沟通，获悉于某光认为其不构成犯罪，并对其未能减刑、假释存在疑惑。又如方某法信访案，通过与方某法儿子面对面交流，得知方某法认为其家庭困难，妻儿身体不佳等均是因原案判决错误所致，故产生心结，陷入执念。同时，获悉方某法辩护律师也认为原判决正确，且方某法家人不支持其信访的情况，邀请其家属共同去监狱开展化解工作。

三是从关爱信访人家庭入手赢得民心。以“如我在访”的为民情怀，争取群众的理解和信任，用心用情帮助信访人解决急难愁盼。如

葛某荣信访案，通过走访信访人所在乡镇、村委会及邻居，获悉葛某荣因多年信访致家庭经济困难，遂加强与法院沟通协调，并引导葛某荣通过民事诉讼途径获得相关赔偿。同时，与信访人所在乡镇、村委联系，优先考虑葛某荣农村自建房拆建政策等，让信访人真切感受到检察机关的关心关爱，为推进信访实质性化解夯实基础。

三、坚持系统思维，注重多方协同，实现信访积案化解“事心双解”

信访积案通常涉及多部门，需要多方参与、协同联动、因案施策，才能彻底有效化解矛盾。

一是联动帮扶提升积案化解合力。积极争取党委政府、相关部门、乡镇街道、村社组织等多方支持，合力化解矛盾。如方某法信访案，检察官多次与妇联、残联、信访人所在乡镇、村委协商，合力帮助方某法家属尽快办理残疾证和低保手续；与监狱协调，依法办理减刑。又如毛某福信访案，考虑到信访人户籍地在江西省贵溪市，义乌市院牵头成立化解专班，主动对接当地公安机关，走访信访人亲属、义乌市江西省商会，赴江西某监狱会见信访人，“面对面”倾听诉求，从根本上阐明原案事实认定和法律适用，厘清错综复杂的法律关系，找准化解的突破口，从解决信访人父母生活困难的点滴出发，“心连心”打开心结，用心用情用力把化解工作做到信访人心坎上。

二是公开听证促进矛盾就地化解。坚持应听证尽听证，“面对面”倾听诉求，强化释法说理，以法服人、以诚相交、以情感人，让公平正义可触可感，有效解开信访人“心结”“法结”。12起信访积案中，7件经听证签订息诉息访承诺书或口头承诺不再信访，3件经听证后半年内未再次向检察机关信访。如于某光等人重复信访案，金华市院会同婺城区院邀请信访人亲属、服刑监狱所在监区民警、派驻监狱检察室检察官、法律援助律师在监狱亲情会见室召开简易听证，针对信访人于某光提出的申诉理由，检察官从案件事实证据入手，通过类案判例，就其在共同犯罪中所起作用开展释法说理；针对于某光提出的减刑、假释问题，监狱民警与派驻监狱检察室检察官就于某光服刑改造情况进行现场解答。通过三方合力有针对性的释法说理，打通信访积案化解的"中梗阻"，于某光当场自愿签订息诉息访承诺书。

三是持续跟进防范再次信访。对信访人持续跟进回访，及时掌握心理动向，有效防范再次信访。如信访人陈某华因诉求未得到检察机关的支持，金华市院和婺城区院持续跟进，前往陈某华居住地进行回访，进一步释法说理、谈心交流，其半年内未再次信访。又如浦江县院不定期与监狱管教民警、残联及方某法亲属联系，及时告知方某法其家属残疾证、低保办理进度及其家人生活、身体情况，让其安心服刑，争取早日回归社会，赢得内心认同。

四是厘清诉求导入其他司法程序。积极争取党委政法委支持，根据信访诉求性质，导入其他司法、行政机关办案程序 1 件，推进信访工作法治化。如曾任民办教师的叶某江，不服某市教育局因考核不合格对其予以辞退的决定，40 年来以某市教育局伪造、调包其考核成绩，以及对其揭发某市教育系统内部人员违纪违法打击报复为由，先后提起行政诉讼和刑事自诉，均被驳回后，又向金华市院、浙江省院、最高检提出刑事申诉，均未得到支持。此后，其仍不断向上级机关信访。当地检察机关主动对接当地党委政法委，协同当地乡镇、法庭、派出所、司法所，联合开展大接访活动。经联合接访，叶某江接受该事项不属于刑事自诉范畴，表示不再向检察机关信访。

四川省泸州市检察机关以“控告申诉一体化”模式推动新时代控告申诉检察工作高质效发展的主要做法

罗　莲　何天容*

近年来，四川省泸州市人民检察院针对全市检察机关内设机构改革后，基层院控告申诉检察与案件管理、法律政策研究、刑事执行检察“三合一”或“四合一”综合设置①，控告申诉检察人员不足、专业性不强、经验不够、能力不强等问题，积极探索建立“控告申诉一体化”工作模式，着力打造控告申诉检察工作品牌，能动践行新时代“枫桥经验”，全面提升队伍素能，有效推动全市控告申诉检察工作高质效发展。两年来，泸州市控告申诉检察业务考核名列四川省第一，泸州市院先后获评全国检察机关“文明接待室”“四川省检察机关专项工作优秀办案集体、优秀个人”“泸州市信访工作先进集体、优秀个人”等荣誉表彰。

---

* 罗莲，四川省泸州市人民检察院副检察长；何天容，四川省泸州市人民检察院第八检察部主任。

① 除市院保留单独的控告申诉检察部门成立第八检察部以外，其余 7 个基层检察院均未保留单独的控告申诉检察部门。其中 5 个基层院成立综合业务部，职能包括控告申诉检察、案件管理、法律政策研究三个条线的检察业务；另有 2 个基层院成立第三检察部，职能包括控告申诉、案件管理、法律政策研究以及刑事执行检察共四个条线的检察业务。

一、确立“一体化”发展理念，同心打造“泸检星光”工作品牌

一是统一品牌建设，着力打造全市检察机关“泸检星光”控告申诉检察品牌。以1个市级院为中心、7个基层院为支撑，以“星级服务点亮群众希望之光”为基本内涵，全力在全市检察机关打造“泸检星光”这一控告申诉检察工作品牌，着力筑牢“检察为民”宗旨意识，以优质高效的检察服务，集民意、聚民心、解民忧，点燃群众的希望之光，展现新时代控告申诉检察使命担当。2023年10月，“泸检星光”控申服务品牌接待窗口被最高检十厅评为“为民办实事”优秀团队。

二是统一“硬件”设施，高标准建设检察服务中心。以争创全国文明接待室为目标，将检察服务中心高标准线上线下建设纳入全市机关“三化”改建项目，推动检察服务大厅提档升级。2022年5月，泸州市院建成四川省首家“24小时检察服务中心”，为人民群众提供更全面、更便利、“不打烊”的检察服务，被四川省人民检察院评定为创新项目。截至2023年底，全市7个基层检察院均已完成又一次的检察服务中心统一升级，5个院相继建立“24小时检察服务中心”。

三是统一履职步调，统筹全市控告申诉力量提升工作质效。全市两级院同步开展重复信访治理、“三年清仓”等专项活动，共同研讨新时代泸州控告申诉工作发展方向，集中优势业务骨干集中攻坚办理疑难复杂信访案件。两年来，全市两级院联合化解最高检交办信访案件10件，中央信联办交办信访案件1件，其中1件案件入选全国检察机关院领导包案化解疑难复杂信访案件典型案例。

二、强化“一体化”履职担当，同步践行新时代“枫桥经验”

一是依法能动履职，以高质效办理控告申诉案件找准治理症结。

贯彻落实首办责任制、领导包案办理制，全面调阅案卷、听取信访人及原案承办人意见，积极开展公开听证、上门听证、简易听证，充分运用听证方式办理疑难复杂控告申诉案件，对症下药依法解决信访诉求。两年来，全市两级检察院共办理信访案件 2200 件，院领导包案办理首次控告申诉案件、信访积案 73 件，召开听证会 114 件次，其中简易听证 89 件次、上门听证 7 件次。市院联合纳溪区院在办理邹某某重复信访积案时，针对邹某某已 90 岁高龄、行动不便的情况，主动到其家门口开展听证，通过现场举例子、讲道理，对信访人进行思想疏通，成功实质性化解该起长达 10 年的信访矛盾。

二是汇集多元力量，以多部门联动履职根治信访痼疾。全市检察机关主动加强与政法单位、信访部门的工作协作联动，联合开展接访、调查、研究、答复共 17 件次，综合运用法律、政策、经济、行政等手段和教育、调解、疏导等办法开展信访矛盾化解工作，有效避免信访人多头访、信息不对称等问题。加强控告申诉检察与其他检察办案部门的联动，通过邀请原案承办人参加公开听证、联合接访、释法说理等方式，及时化解检察信访矛盾。如市院在办理邓某、李某会信访案以及薛某芬信访案时，分别邀请江阳区院、古蔺县院承办人当面向信访人介绍案件办理中的有关情况及理由，赢得信访人理解。两年来，市院派员参与基层院刑事申诉听证会 6 次，市院刑事申诉案件由县区增派人员联合办结 8 件，市县联合化解信访案件 10 件，申诉人均表示息诉，未再向上级检察机关申诉。同时，对符合司法条件的信访人及时予以司法救助，立足被救助人实际困难，向乡村振兴、民政、妇联、教体、卫健等职能部门移送开展社会救助线索 56 条，促进解决被救助人基本生活保障、医疗、就业就学等方面的实际困难问题，从根本上预防和化解信访案件，促进社会和谐稳定。

三是深化诉源治理，以逆向性压力传导推动早防早治。全市两级检察院坚持定期向院党组专题报告检察信访工作，并通过参与案件讨论、列席检委会等方式，提示案件信访风险6件次，着力压实前端办案部门释法说理、预防化解信访责任，促进信访风险早发现早处置早化解。加强向当地党委政法委专题报告检察信访工作，以客观数据分析反映信访根源问题，提出切实可行的诉源治理措施建议。如市院撰写的《关于涉法涉诉信访工作情况的报告》，对全市检察机关涉法涉诉信访根源问题进行深刻剖析，有针对性提出加强诉源治理的建议，受到市委政法委主要领导的批示肯定。2023年，全市检察机关分别通过信、访、网、电接收群众信访1034件，同比下降12.4%，其中市院546件，同比下降9.7%，信访“倒三角”的情况得到改善。

三、强化“一体化”学习培训，同频提升控告申诉检察队伍素能

坚持全市一盘棋加强控告申诉检察队伍建设，着力强化“一体化”学习培训。全面梳理、动态跟踪掌握全市控告申诉检察人员结构、优势资源、薄弱短板等情况，通过积极选派人员参加上级院跟班学习、业务培训以及转办、交办、联办等以案代训方式，充分调动全市控告申诉检察人员开展工作的积极性，用好优势人力资源，集中攻坚以弥补短板。同时，积极开展“素能提升年”大学习、大培训、大比武活动，把先进人才“选树”工作放在全市控告申诉检察工作大局中去谋划和推进，树立控告申诉专业人才标杆，用榜样的力量激发干事创业热情，积极营造争先创优的良好氛围。两年来，市院积极选派参加上级检察机关举办的跟班学习、业务培训7人次，以“一院一主题学习交流会”形式组织开展全市控告申诉检察业务培训3次、举办

案件公开听证观摩活动 4 次，组织区县院轮流选派员额检察官、检察官助理、书记员到市院跟班学习共 6 人次，向区县转办案件 4 件，市县联合化解信访案件 10 件，协同开展专项工作 4 次，指导区县院办理控告申诉案件 11 件次，有效带动提升全市控告申诉检察队伍整体素能。

辽宁省营口市检察机关
全面推动司法救助与社会救助相衔接的主要做法

赵 冰 王 磊*

辽宁省营口市检察机关始终牢记“民心是最大的政治”，积极构建司法救助与社会救助相衔接的多元化救助共同体，推动高质效办好每一个司法救助案件。2021 年以来，全市检察机关向民政等社会救助管理部门移送社会救助线索 271 件，占司法救助案件总量的 91%，群众满意度不断提升，有力促进了案结事了人和，司法救助与社会救助衔接工作取得明显成效。

一、重机制、强落实，构筑社会救助共同体

有效实现司法救助与社会救助相衔接，重在机制、要在落实。营口市检察机关坚持以人民为中心，秉持实打实为民解忧的宗旨，以开展多元化救助为手段，在全省首创检察机关与社会救助管理部门的协作配合机制，努力实现救助效果最大化。2020 年，营口市人民检察院成立工作专班，针对工作中存在的司法救助与社会救助衔接不力、职责不清、效果不好等情况，深入市民政局、教育局、人社局、卫健委、妇联、残联、扶贫办及团市委等社会救助管理部门实地走访调研，搜

* 赵冰，辽宁省营口市人民检察院党组书记、检察长，二级高级检察官；王磊，辽宁省营口市人民检察院第六检察部副主任，二级检察官。

集文件资料 40 余份。牵头组织召开司法救助与社会救助衔接工作联席会，并在充分征求意见建议的基础上，研究制定《国家司法救助与社会救助衔接工作指引（试行）》，力求做到内容覆盖面广、工作措施全面、可操作性强，充分体现检察机关的人文关怀。该机制的建立，畅通了连接国家司法救助与社会救助的“直通车”，有效解决了现实工作中司法救助与社会救助信息不通、力不能聚的问题，叠加释放救助效应，检察院在“救急”的同时，积极主动帮助受害家庭寻求低保、就业、教育等社会救助措施，使之有维系生活的基本条件，社会关系得到和谐重塑。

二、“量身定做”、靶向发力，合力“救”在点子上

实现救助效果最大化和长期化的关键是因案施策、一案一策，以当事人实际困难和长远需要为出发点，让救助帮扶措施人性化、个性化，用心解决受害家庭面临的急切问题，帮助受害家庭的生活回归正轨。如张某故意杀人案中，被害人朱某去世，其女儿成为“事实孤儿”，朱某父母年老多病无人照顾，生活陷入困境。营口市检察院在依法开展司法救助的同时，重点协同教育、民政、妇联等部门减免孩子学习费用、落实“事实孤儿”补贴、开展心理疏导，改善孩子的生活和学习状况，切实帮助受害家庭摆脱生活困境，让其亲属看到希望。又如董某故意杀人案中，被害人姜某的两个未成年女儿在经历父母离异后，又因案失去了母亲，同时失去了经济来源，大女儿已经辍学，小女儿也整日陷在迷茫中无心求学。营口市检察院立即将两个孩子救助线索移送教育部门，检察院、教育部门、学校共同对辍学的孩子开展重返校园谈心谈话工作，学校也减免了相关学习费用，并定期开展精神帮扶、智力帮扶、心理健康帮扶等，让孩子们安心在校读书，最大限度实现“控辍保学”。还如冉某某、金某遗弃案中，大石桥市检察院及时救助了刚出生三天即被遗弃的新生儿，并协调妇联加强对涉案家庭的教育指导，督促该家庭依法对被救助人履行监护职责。

三、应救尽救、重点关怀，用情“助”到心坎里

以“我为群众办实事”实践活动为抓手，突出重点人群，关注现实困难，对困难妇女、退役军人军属、未成年人等特殊群体，逐案调查核实，开辟司法救助和社会救助相衔接“绿色通道”，实现程序优先、资金优先、方式优先，及时协调社会救助管理部门开展多元化救助帮扶。如迟某故意杀人案中，孙某丈夫遇害身亡，其独自承担养育未成年子女和赡养老人的义务，营口市检察院通过对“一老一小”开展司法救助缓解生活压力的同时，积极协调当地政府免费为其提供种植技能指导，既及时“输血”，又注重“造血”，真正帮助其重燃生活希望。又如许某刑事申诉案中，11 岁的被害人齐某全身烧伤面积达 80%，经多次手术、长期治疗，其家庭不堪重负。为此，营口市检察院针对性制定帮扶方案，由司法救助和企业资助共同支撑其治疗费用，教育局和学校减免学习费用，开展心理辅导和教学帮扶，助力齐某康复重返校园。同时，协调务农贷款减轻其家庭经济负担，动员两级院干警认购其家庭滞销葡萄 3200 斤，切实解决其家庭急难愁盼问题。

四、及时救、长期帮，全面提升救助质效

坚持“一次救助、长期关怀”理念，在检察办案全过程各环节落实司法救助责任，确保救助“不迟到”。以“时时放心不下”的责任感，不断拓展司法救助的广度和深度，全面提升“司法救助 + 社会救助”工作质效。以党建为引领，通过建立联系点、联合社会力量、定

期回访等方式，持续巩固救助成果。例如，盖州市 11 名大棚种植户因劣质化肥造成作物绝收，厂家未履行赔偿义务，致使生产生活陷入困境。检察机关启动多元救助机制，通过支持起诉、司法救助、协调缓交诉讼费、督促行业加强监管等方式，帮助种植户既解生活燃眉之急，又除生产后顾之忧。又如王某司法救助案，大石桥市检察院协调多部门持续救助，就地解决矛盾。案件办结后，协调乡村振兴局将王某纳入返贫动态监测范围，两级检察机关连续三个季度上门回访，跟踪落实救助措施，切实做好检察办案“后半篇”文章。

贵州省六盘水市水城区人民检察院以“四字诀”推动高质效办好每一个司法救助案件的主要做法

赵　艳　汪举举　王本莉　周　娜*

司法救助一头牵着百姓疾苦，一头系着司法关爱。开展国家司法救助是检察机关助力改善民生、健全社会保障体系、密切党群关系的桥梁纽带，更是服务群众的“民心产品”。近年来，贵州省六盘水市水城区人民检察院坚持以习近平新时代中国特色社会主义思想为指导，坚持和发展新时代“枫桥经验”，牢固树立人民至上、司法为民理念，以挖、定、救、访“四字诀”，有效破解司法救助线索发现难、标准不统一、救助力量散、帮扶效果弱等问题，为被害人及被害家庭纾困解难，不断提升矛盾纠纷预防化解的法治化水平，办理的多起国家司法救助案件入选最高检、贵州省检察院典型案例。

一、能动履职“挖”，破解司法救助线索发现难

建立主动走访排查机制，拓宽司法救助线索挖掘发现渠道，变被动“等线索”为主动“挖线索”，有效破解线索发现难。

* 赵艳，贵州省六盘水市水城区人民检察院党组书记、检察长，四级高级检察官；汪举举，贵州省六盘水市水城区人民检察院党组成员、副检察长，一级检察官；王本莉，贵州省六盘水市水城区人民检察院第五检察部主任，一级检察官；周娜，贵州省六盘水市水城区人民检察院第五检察部五级检察官助理。

一是统筹力量“挖”。统筹包保督导、下沉网格、调查核实、驻村帮扶、政法大走访等工作，依托“一中心一张网十联户”，充分借助网格员、联户长的作用，组织 2000 余人（次）进村入户实地摸排，共发现 382 条司法救助线索。

二是重点摸排“挖”。对案件高发村、重大案件发生地、涉法涉诉集中点开展重点走访，对近三年来有刑事被害人的案件进行“回头看”，从农村易被忽视的老、弱、残被害人群体中，摸排救助线索 700 余条。

三是创新方法“挖”。启用 12309 检察流动服务车到偏远乡村上门服务，把检察流动窗口搬到群众家门口，摸排线索 57 条；自主研发“检减跑”微信小程序便民服务平台，受理网络救助申请 65 次，实现“让数据多跑路，让群众少跑腿”。

二、分析研判“定”，破解司法救助标准不统一

建立定向分类研判救助机制，分级分类确定个性化救助方案，变“普遍救”为“精准救”，有效破解标准不统一。

一是“定”救助对象。为防止因案致贫、因案返贫，引发社会问题，将涉案被害未成年人、老年人、困难妇女、残疾人、军人军属等特殊群体列为重点救助人。2022 年以来分别救助未成年人 42 件 53 人、老年人 25 件 28 人、困难妇女 96 件 103 人、残疾人 17 件 17 人、军人军属 4 件 4 人。

二是“定”救助方式。根据轻重缓急实行分级救助，对重大刑事案件被害人、性侵未成年被害人优先救，对普通刑事案件且易引发信访风险的及时救，对民间纠纷引发、损害不大的案件通过引导提起民事诉讼、协调社会救助等渠道解决。对诉求疑难、矛盾集中、久诉不

息的案件，有针对性地采取网络听证、上门听证、简易听证辅之以司法救助的方式，解决群众合理合法诉求，化解矛盾纠纷，做好定分止争的“后半篇文章”。如李某某司法救助案，李某某被故意伤害后，部分丧失劳动能力，行动不便，没有获得赔偿且生活困难，久访不息。水城区检察院将听证室“搬”到信访人家中，邀请人民监督员、律师、村支两委人员等上门公开听证，在释法说理的同时开展司法救助，李某某息诉罢访。

三是“定”救助流程。对政法各单位线索实行台账化管理，促成六盘水市国家司法救助集中办理办法的出台，明确公检法三机关的司法救助线索汇总后，由检察机关集中办理，收集救助材料、录入办案系统、开展调查核实、提出救助意见，确保及时救助到位，有效避免救助失衡、重复救助问题。检察机关通过整合司法救助资源，打通政法各单位的信息壁垒，充分发挥司法救助在社会“治理”中重要作用，形成涉法涉诉矛盾化解合力，提升司法救助效果，真正让困难群众感受到司法关怀，修复社会关系。

三、整合力量“救”，破解司法救助工作力量散

建立多元联动一体化救扶衔接机制，积极打造“司法救助共同体”，将“独角戏”变为“大合唱”，有效破解救助力量散。

一是及时高效“救”。坚持应救尽救、应救即救，对重大命案和性侵案件在提前介入环节同步开展司法救助，实地调查核实、案件化办理，将可能引发信访风险的案件化解在萌芽状态。如颜某甲等 9 人国家司法救助案，被告人颜某某使用随身携带的尖刀将其妻子、妻妹及妻嫂刺死，该案在捕诉阶段即成立由主管副检察长任组长的司法救助工作专班，经过调查核实，提请省、市级院开展联合救助，第一时

间为因案致贫的 9 名被害人近亲属发放救助金 14 万元，还跨地域协调相关部门通过临时救助、纳入低保、重点监测、心理疏导等方式同步开展综合帮扶，全力抚平刑事被害人近亲属心理创伤。

二是多元联动“救”。与区民政、妇联、教育等十二家单位联合制定司法救助与社会救助衔接机制实施意见，与公安、法院等十五家单位成立“木兰联盟”，共同构建联动救助体系，以“我管”促“都管”，以“我救”促“众扶”。2022 年以来联合救助 50 件 62 人。如苏某某司法救助案，检察长下访过程中，发现未成年人苏某某被父母遗弃后无人照管，又遭遇交通事故受伤，生活陷入困境，遂及时启动救助程序，开通“绿色救助通道”，协调教育、民政、妇联等部门以及乡镇、村开展综合帮扶，使苏某某有书读、有人管。

三是延伸扩展“救”。将被救助人从传统的刑事案件被害人延伸至民事行政监督案件中的特殊困难群体，做实行政争议实质性化解，帮助被拖欠工资的 31 名低保户协调解决救助金 10 万余元；将单一的发放救助金扩展至跨领域跨行业的政策帮扶，帮助被救助人获得住房、医保、教育等政策帮扶 17 人，开展心理疏导 118 人（次）。如熊某某司法救助案，熊某某两名幼子被害且丈夫自杀身亡，水城区检察院发现熊某某年仅 28 岁即做绝育手术，遂主动协调区卫健局免费为其完成输卵管愈合手术，帮助其重拾生活的希望。

四、持续跟进“访”，破解司法救助帮扶效果弱

建立常态化跟踪回访机制，及时跟踪了解被救助人的生活状况，做到边访边办，实现“当下救”和“长久助”并重，有效破解帮扶效果弱。

一是普遍远程“访”。对已救助案件，通过电话访、微信访、短

信访、视频访等实行全覆盖的回访，共跟踪回访被救助人 143 人，回访满意率 100%。如郑某某司法救助案，被告人宁某某故意杀害郑某某丈夫、女儿及三个未成年孙子女，郑某某被严重砍伤，省市区三级检察院联合发放救助金 15 万元。回访发现，郑某某仍居住在凶案发生的屋内，其被害女儿就安葬在房屋正前方的菜地里，给郑某某留下心理阴影，不适宜继续居住，遂协调当地党委政府依程序为其申请廉租房，将整户纳入低保，并为其解决后续治疗费用 6 万余元。该案无一人上访、无一人申诉、无一人有过激行为，也未引发信访舆情。

二是重点上门“访”。对救助效果不佳、救助力度不够的案件及重大刑事案件、涉未成年人、涉农涉军案件的被害人，主动上门访 79 人。如赵某某司法救助案，选派驻村的检察干警走访发现，残疾人赵某某夫妻二人生活困难，其子被害前系退役军人，市区两级检察院对其联合救助 10.8 万元，并在上门回访后协调当地政府为其修葺房屋、落实医疗保障措施等。

三是定期暖心“访”。根据对象的特殊性，在特殊节点联合民政、残联、妇联、当地党委政府等部门共同回访，了解家庭情况和生活状况，让司法温情效果再提升。如对少无所抚、老无所养的鳏寡孤独群体，在春节、中秋、六一等实行定期访，为 13 人送去生活物资、学习用具等，持续关注被救助人的生活冷暖。

Zhuanti Diaoyan

专题调研

检察机关重复信访矛盾法治化实质性化解实务研究

——以63件有关典型案例为研究样本*

江苏省人民检察院课题组**

人民检察院作为国家的法律监督机关，办理的重复信访案件涉及审判、检察、公安等多个政法机关。办理该类案件，是检察机关依法履行法律监督职责、化解信访矛盾纠纷、参与社会治理的重要方面。本文通过对江苏等地检察机关办理的63件重复信访实质性化解典型案例进行研究，分析重复信访的特点、产生的原因，梳理重复信访案件办理中存在的问题，总结重复信访矛盾化解的实践经验，从坚持三个原则、抓好三个环节、盘活三种资源、完善三种机制、更新三方观念等角度，提出了构建检察机关重复信访法治化实质性化解机制的建议，以期为检察机关在法治化的轨道上推进重复信访治理工作提供参考借鉴。

---

* 本文系江苏省人民检察院根据最高人民检察院第十检察厅2023年度控告申诉检察理论实务研究重点选题开展的课题研究成果。

** 课题组组长：叶正刚，江苏省人民检察院第九检察部二级高级检察官。课题组成员：江典键，江苏省人民检察院第九检察部四级高级检察官；朱文强，江苏省人民检察院第九检察部三级检察官助理；胡红梅，江苏省南京市人民检察院第九检察部一级检察官助理；刘青青，江苏省泰州市海陵区人民检察院第五检察部副主任，一级检察官。

一、概述

何谓“实质性化解”，目前尚无明确定义。从源头上看，“实质性化解”源于行政诉讼中的“纠纷实质性解决”理念。检察机关最早提出“实质性化解”也是源于行政诉讼监督。《中共中央关于加强新时代检察机关法律监督工作的意见》强调，全面深化行政检察监督，要求检察机关在履行法律监督职责中开展行政争议实质性化解工作，促进案结事了。2021年修订的《人民检察院行政诉讼监督规则》将实质性化解行政争议作为检察机关办理行政诉讼监督案件的基本职责。

2022年11月4日，最高人民检察院建立审查办理刑事申诉、国家赔偿案件“每案必评、实质性化解”工作机制，首次提出要在办理刑事申诉案件、国家赔偿案件中同步开展实质性化解工作。2023年初，最高人民检察院部署开展全国检察机关重复信访实质性化解三年“清仓”行动，在重复信访中正式引入“实质性化解”概念，明确重复信访办结、化解标准。2024年1月14日，应勇检察长在全国检察长会议上强调，坚持和发展新时代“枫桥经验”，以“如我在诉”的理念，在检察办案各环节推进矛盾纠纷法治化实质性化解。[①] 近年来，通过努力，检察机关整体信访形势不断向好，尤其是重复来信大幅下降，但法治化实质性化解重复信访仍面临诸多现实难题，急需解决。本课题组采用典型案例分析、调查研究、工作实践相结合方法，选取2020年以来江苏省人民检察院发布的17件“事心双解”重复信访实质性化解典型案例以及最高人民检察院公布的、承办单位为外省检察机关的46件“事心双解”重复信访实质性化解典型案例作为主要研究样本，结合赴江苏部分地市检察机关开展实地调研，综合分析了重复信访特

① 参见巩宸宇：《紧紧围绕推进中国式现代化这个最大的政治 加快推进检察工作现代化》，载《检察日报》2024年1月16日，第1版。

点、产生的原因，提炼总结法治化实质性化解措施，尝试从中探索重复信访“法治化实质性化解”路径。

二、样本案例基本情况及主要特点

（一）基本情况

样本中的63件“事心双解”重复信访实质性化解典型案例，包括承办单位为江苏省检察机关的17件，承办单位为其他省份检察机关的46件。

1. 从信访范围看，涉刑事案件居首位，达49件，占77.78%；涉民事监督案件10件，占15.88%；涉行政监督案件2件，占3.17%；其他2件，占3.17%。

2. 从信访类型看，涉检信访26件，占41.27%，占比较高；诉讼监督类信访37件，其中涉审判机关35件，占55.56%，涉公安机关2件，占3.17%。

3. 从信访主体看，涉刑事案件中，被害人及其近亲属信访28件，占57.14%；被告人及其近亲属信访9件，占18.37%；被不起诉人及其近亲属信访5件，占10.20%；国家赔偿申请人信访7件，占14.29%。

4. 从办理层级看，不服法院生效刑事判决、裁定，不服检察机关不起诉、撤销案件决定等刑事申诉案件合计38件。其中经最高人民检察院审查办理29件，经省级人民检察院审查办理7件，经市级人民检察院审查办理2件。

（二）主要特点

1. 原案被害人、被不起诉人及其近亲属信访实质性化解率相对较高。该类案件信访人诉求集中在损害赔偿不到位、心理创伤难抚平、法律规定不理解等方面，检察机关在法理情之间可采取的化解措施相对丰富，实质性化解率也较高，共 33 件，占 52.38%。与此相反，原审被告人及其近亲属信访主要以要求改判无罪为主，释法说理难度较大，实质性化解率较低，仅为 9 件，占 14.29%。

2. 涉检重复访内容多元化。涉检信访是检察机关重点关注对象，63 件实质性化解典型案例中，涉检信访案件 26 件，其中不服检察机关不起诉决定最多，共计 10 件；以检察机关作为赔偿义务机关的国家赔偿案件 6 件；其他涉检信访案件还包括不服检察机关免于起诉，要求返还涉案财产、不服撤案、不服变更强制措施等。除因办案原因引起涉检信访外，政工工作也存在引起涉检信访的情况，需引起重视。

3. 信访办理结果多为维持原决定。随着法治建设的不断推进，当下司法实践中错案发生率是极低的，相应地，信访改变原处理决定的比率也是极低的。以 2021 年为例，全国检察机关刑事申诉提抗率仅为 0.98%，这也是原审被告人及其近亲属申诉化解难度大的原因之一。63 件实质性化解典型案例中，监督纠正原处理决定 4 件，其中对原审被告人改判无罪的 1 件，另外 3 件分别是对公安机关不予立案启动立案监督程序、对存疑不起诉决定补充侦查后重新移送起诉、对原审判决适用法律错误进行纠正。

4. 时访时息具有反复性。在息与访之间反复是重复信访案件的特征之一。部分信访人经过办案部门的耐心说理、纾困帮扶，一段时间内停止信访，但随着新问题、新情况、新困难的出现，信访人会再次信访。例如安徽郑某重复信访案，申诉人郑某于 1996 年因他人犯罪行为造成头部重伤，检察机关于 2012 年联合多部门给予其司法救助和困难帮扶。近年来，郑某头部伤情越发严重，新的后续治疗费用不断产生，生活极其困难，故而又再次信访。

5. 部分重复信访“终而不结”。根据规定，涉法涉诉信访案件已穷尽法律程序，可以依法作出信访终结处理决定，但信访人面临的现实问题仍然没有解决，会继续信访，案件在事实上难以终结。以涉检重复信访中14件不服检察机关不起诉、免于起诉为例，其中11件经最高人民检察院审查并作出处理决定，根据检察机关信访终结相关规定，该11件案件应当退出法律处理程序。但实际上，控告人、申诉人继续信访的，相关案件仍会纳入重复信访范围。

6. 持续时间长，利益诉求繁杂。重复信访具有信访时间长，化解难度大的特点，有些重复信访人甚至将信访作为精神寄托。在63件实质性化解典型案例中，信访10年以上的共42件，其中超过20年的（案发时间在2000年之前）共25件，最长信访时间40余年。在持续信访中，信访人不断产生、变换新的信访事由，利益诉求具有复杂性，例如在申请法律监督外要求协调解决子女工作问题、家庭成员继承权纠纷、祠堂子孙牌位登记等多项与检察职能无关的诉求。

三、检察机关重复信访产生的原因分析

重复信访产生的原因是多方面的，既有信访人法律认知、性格特点等的差异，更有司法办案质量不高、重法律适用轻矛盾化解等办案因素，也有体制机制等外部综合原因。习近平总书记指出，信访是送上门来的群众工作，要通过信访渠道摸清群众愿望和诉求，找到工作差距和不足，举一反三，加以改进，更好为群众服务。作为国家法律监督机关，检察机关开展重复信访法治化实质性化解工作，应通过办理重复信访及时反思司法机关在履职办案中的问题和不足，加强对诉讼活动的制约监督，维护司法公正，促进重复信访问题的源头治理、系统治理。

（一）司法办案问题催生的重复信访

1. 释法说理不到位。释法说理是检察法律文书的灵魂，是办理信访案件的精髓。实践中司法办案人员存在说多错多、害怕被信访人抓住错误的心理，释法说理不充分不全面，甚至不释法说理。信访人诉求没有得到有效回应，对法律规定仍然不明白、不理解，容易引起重复信访。在63件“事心双解”案例中，有5件是因原案法律文书释法说理不到位、不充分所引起，有37件则是通过领导带案下访、公开听证等方式进一步释法说理得以化解。

2. 司法办案不规范。公平正义不仅要实现，更要以看得见的方式实现。司法办案是否规范，是人民群众对公平正义最直接的感受，办案过程中应当告知不告知、应当听取意见不听取、应当受理不受理、违规或超范围查封、扣押、冻结财产等不规范甚至违法行为，都会让人民群众对司法办案产生质疑，特别是当案件处理结果与人民群众的期待不一致时，信访便一触即发。63件实质性化解典型案例中，因原案办理不规范引发重复信访17件。

3. 监督纠错不及时。办理控告申诉案件，面对确有错误的结论，检察机关要有善于监督的能力、勇于纠错的魄力。实际工作中，考虑到国家赔偿、责任追究等现实问题及法律适用争议，个别案件确有错误，检察监督纠错不及时，造成信访人长期坚持信访。例如前述提到的4件检察机关改变原处理决定案件，最短纠错时间2年，最长达10余年。

4. 合理诉求不解决。并非所有重复信访人的诉求都是无理诉求，存在相当数量的合理诉求长期得不到解决，其中既有检察办案人员能动履职意识不强的主观原因，也有单靠检察机关一己之力难以解决的客观原因。无论何种原因，都是造成重复信访的原因。如办案机关出具的相关证明材料损害当事人名誉，当事人要求办案机关撤回材料属于合理诉求，长期不予解决易引发重复信访。

5. 工作理念不更新。信访工作是各级机关、单位及其领导干部、工作人员接受群众监督、改进工作作风的重要途径。个别检察人员办理群众来信理念不更新，对群众来信不回复、乱回复，对待群众来访态度蛮横、语气生硬，给重复信访人贴上“闹事者”“蛮不讲理”等标签，在办理重复信访案件中敷衍塞责、推诿扯皮，甚至对信访人采取不见面、不回应、不接待的冷处理方式，导致信访矛盾升级。

（二）信访人认知不足产生的重复信访

1. 对信访功能认知错位。部分信访人对信访功能认识不准确，往往忽视信访的政治参与功能，只关注信访的权利救济功能，甚至把信访看成优于其他行政救济及国家司法救济的一种特殊权利。[①] 被这种错误认知牵引，信访人遇事不是想通过调解、协商、司法等合理途径来解决，而是通过找政府机关、找领导信访等方式来解决，认为“大闹大解决，小闹小解决，不闹不解决”。这种情况下往往又会滋生新的矛盾，成为新的信访，如此循环往复，矛盾不断升级，最终信访人诉求越来越偏离实际。

2. 对信访职责一知半解。《信访工作条例》第十五条规定，各级党委和政府以外的其他机关、单位应当做好各自职责范围内的信访工作，按照规定及时受理办理信访事项，预防和化解政策性、群体性信访问题，加强对下级机关、单位信访工作的指导。但部分信访人分不清各部门之间的信访职责，各种诉求交织在一起同时向多部门投诉，对各部门在各自职责范围内的处理又不认可，并据此认为各部门相互推诿，

① 参见束锦：《信访是民意诉求的一种重要表达方式》，载《求实》2007 年第 5 期。

进而反复信访。

3.对信访结果期望过高。部分信访人试图通过信访途径获取高额利益，个别信访人甚至以信访为业，如果办案部门给出的解决方案没有达到心理预期，就继续向上信访，甚至漫天要价、层层加码诉求。个别信访人对自己的信访诉求是否合理其实有预判，但是在上访的过程中发现其他人通过重复信访解决了问题或者是得到比自己更丰厚的物质条件，造成心理失衡，进而继续信访。

（三）机制不健全造成的重复信访

1.信访考核机制在执行中变样。《信访工作条例》第三十九条规定，各级党委和政府应当以依规依法及时就地解决信访问题为导向，每年对信访工作情况进行考核。考核的初衷是落实信访工作责任，有的地方在考核导向上更多的是强调将压力层层向基层传导，将责任层层向基层分解，导致在层层下达的数字指标中，往往忽视了数据背后存在的信访治理问题。

2.信访终结制度落实不到位。国家对涉法涉诉信访终结的要求、标准有明确规定，对终结后的信访事项不再启动复查程序。《信访工作条例》以法规的形式正式确认“依法终结”。但即便办案单位出具了信访事项终结决定或告知文书，信访人持续信访的，仍作为重复信访件纳入专项治理范围。部分信访人甚至认为，上级院交办就说明原案存在错误，基层院不改变原决定就是不执行上级指令、违背上级意图，重复信访法治化实质性化解又增加一道障碍。

3.信访法治化面临诸多困境。“信访规范林立，诉访救济交错”、信访受理事项界限不明、信访实质性化解矛盾单纯依靠法律途径难度高，往往需要借助协调化解、司法建议等多种辅助性机制才能彻底解决的现实需求，[①] 都给信访法治化带来诸多挑战，信访终而不结、息后回流等重复信访问题难以从法律层面得到实质性终结。

四、检察机关重复信访矛盾法治化实质性化解举措

本课题组采取查阅重复信访案卷、与相关人员座谈等形式，对江苏检察机关重复信访化解典型案例进行研究梳理，发现成功化解的重复信访案件，均是检察机关积极能动履职，找准矛盾症结，采取有针对性的化解措施，将矛盾化解工作做到了极致。主要化解措施有：

（一）“研判＋代理＋回访”缓和信访矛盾

1. 做好评估研判。研判信访情况和矛盾症结，根据研判的结果有针对性地采取措施，推动矛盾化解。对案件事实认定、证据采信或者法律适用有异议的，尽可能当面进行充分的释法说理，符合听证条件的依法开展公开听证；对于申诉人生活困难的，依法采取司法救助等措施，进行救助帮扶；对于亲属邻里间矛盾纠纷引发的，协调解决申诉人合法权益受损问题，积极引导当事人和解。如针对鲍某某长期信访、情绪上与司法机关对立的情况，检察机关全面了解鲍某某涉及案件情况与学习工作经历、家庭生活背景等信息，从拉家常入手、从鲍某某法律职业生涯谈起，拉近信访人与检察机关的距离，进而从法律专业的角度对案件办理情况进行反复解释，得到当事人认可，成功化解矛盾。

2. 强化律师参与。邀请律师共同参与重复信访案件化解工作，增强社会公信力和支持度，推动信访问题在法治轨道上解决。如冯某某重复信访案中，考虑到信访人缺乏法律知识，征得其同意后，检察机

① 参见王书娟：《实质性解决争议视野中的信访制度改革论析》，载《信访与社会矛盾问题研究》2021 年第 2 期。

关协调司法行政部门为冯某某指派了一名曾多次参与刑事法律援助的律师提供法律帮助，并全程参与到接待信访人、释法说理、公开听证等多个环节。公开听证会上，律师代表冯某某就陈某某故意伤害罪的认定、量刑规则等方面进行了充分的讨论。冯某某充分肯定了律师的帮助，并表示经过公开听证会的释法说理，自已理解了刑事案件的量刑规则，愿意接受原案处理结果，表示息诉罢访。

3. 开展跟踪回访。做好“后半篇文章”，借助于“检察官进网格”等工作机制，会同基层工作人员，对申诉人进行回访，听取其意见建议，巩固化解效果。如在办理祝某某重复信访案中，检察机关通过上门听证开展释法说理，打消了祝某某内心的疑虑，口头表示不再信访。听证会后，检察机关与信访人居住地检察院沟通联系，将其列入当地“检察官进网格”工作走访重点对象，常态化开展释法说理、政策宣讲。承办人联合祝某某居住地村委会工作人员再次开展回访并进行满意度测评，信访人对检察机关所做的工作表示非常满意和由衷感谢，表示接受判决结果，不再申诉，并当场签订息诉罢访承诺书。

（二）“协调 + 监督 + 治理”解决合理诉求

1. 协调解决问题。帮助群众解决操心事、烦心事、揪心事，推动矛盾化解。如王某某重复信访案，2011 年，王某某无证超载驾驶未定期年检的二轮摩托车，发生交通事故，致涂某某死亡，因王某某无赔偿能力，涂某某父母实际获赔 2.8 万余元。涂某某父母不服该案赔偿，“停尸不化”11 年，拖欠遗体保管费已近 40 万元。检察机关在“检察官融网进格”走访中发现这一情况，成立工作专班，积极向党委政法委汇报，在开展司法救助的同时，积极协调财政、民政等部门，为遗体火化安葬争取政策和财政支持，建立快速处理绿色通道。最终，民政部门决定减免全部遗体保管费用，经家属签字同意，殡仪馆火化了涂某某的遗体。涂某某父母专程到检察机关赠送锦旗致谢。

2. 依法履职监督。坚持全面审查案件，对于发现的错误依法监督纠正。如金某某重复信访案，检察机关审查发现，法院在金某某财产刑执行过程中，发现其无个人财产可供执行，但未按照没收财产一次性执行终结的规定执行，也未将相关执行文书送达金某某本人及所在监狱，影响其正常获得减刑。遂向法院发出书面监督意见，通知其纠正违法行为。次日，法院将执行裁定终结文书送达金某某。在得知金某某收到执行文书后，检察机关承办人再次到监狱会见金某某，向其出示家庭成员照片，转达其家人的关爱，并再次释法说理。金某某对检察机关的积极主动作为表示感激，当场签署息诉罢访承诺书，并表示会好好改造，争取减刑，不再向检察机关信访。

3. 推动源头治理。针对信访反映的执法司法问题，及时向相关部门提出改进工作、提高执法司法规范化水平的意见建议。如黄某某重复信访案，公安机关对取保候审保证金等无人认领的涉案暂扣款、保证金等财物，依据《公安机关办理刑事案件程序规定》第二百三十三条的规定，发布招领公告，拟对公告期内无人认领的财物全部上缴国库。检察机关对相关案件进行梳理，发现存在部分人员被判处监禁刑，无法知晓公告；部分人员被判处缓刑，不属于无法联系当事人的情况；部分正在检察机关审查起诉中，不符合退还取保候审保证金的条件等情况，于是向公安机关制发检察建议，从规范取保候审保证金管理制度、将已上缴国库的取保候审保证金返回专门账户、依法及时处理取保候审保证金等方面提出整改建议，公安机关当场表示将立即撤销公告并组织专项整改。

（三）"包案＋听证＋救助"推动实质性化解

1. 领导包案办理。院领导带头办理疑难复杂信访案件，充分发挥协调能力，调动各方资源，推动矛盾化解。如胡某某重复信访案，最高人民检察院领导包案办理后，江苏省、泰州市、兴化市三级检察院检察长同步包案，包案领导审阅该案全部卷宗，并专门与案件承办人一起研究案情，听取案件汇报，指导制定化解方案。江苏三级检察院多次召开专题会商会，研判案情，制定了从释法说理、回应信访人诉求、听取信访人意见三个方面立体展开的谈话方案。经过多次沟通协调，与信访人所在单位达成共识，检察机关存疑不起诉与信访人职务晋升之间没有必然的因果关系。包案领导了解到胡某某即将退休，积极协调信访人所在单位在政策允许范围内给予适当补助。召开简易听证会，更为充分地释法说理。胡某某非常感动，当场签订息诉罢访承诺书。

2. 组织公开听证。通过简易听证、上门听证，增强检察机关案件办理工作的透明度，让当事人感受到司法温度。如孙某某信访案，检察机关了解到信访人孙某某身体不好、不便远行的情况，承办人赴信访人老家召开案件听证会并发放司法救助金，经过听证会，孙某某解开了心结，矛盾得以化解。又如葛某某信访案，信访人因其母沈某某在南京某医院去世，围绕医生在医疗过程中是否违反医疗规范等问题，反复信访 6 年。检察机关邀请退休检察官、政协委员、律师组织案件简易公开听证会，经过近 2 个小时的听证与详细的释法说理，听证员均认同检察机关的处理意见，信访人也认同了检察机关的处理意见。

3. 开展司法救助。对生活困难且符合司法救助条件的信访人，及时提供司法救助，帮助解决生活困难。如周某某信访案，检察机关主动排查发现信访人周某某的丈夫、儿子均在交通肇事案中去世，案件赔偿一直未能执行到位，信访人生活困难。检察机关主动赶赴当地开展接访工作，帮助信访人完成申请司法救助材料的准备，三级检察机关开展联合救助，最大限度救助信访人，成功化解该案，信访人主动签订息诉罢访承诺书。又如谢某某信访案，反复信访25年，检察机关上门开展司法救助工作，一次性对谢某某发放司法救助金8万元，助其纾解生活困境，谢某某感谢检察机关所做工作，并签署息诉罢访承诺书。

五、完善检察机关重复信访法治化实质性化解建议

（一）坚持三个原则，高站位引领重复信访法治化实质性化解

1. 坚持信访法治化原则，运用法治思维和法治方式化解重复信访。党的二十大报告提出“在法治轨道上全面建设社会主义现代化国家”“全面推进国家各方面工作法治化”。信访工作既是做群众工作，更是参与国家治理。检察机关法治化实质性化解重复信访，一方面必须以法律为依托，推动涉法涉检信访矛盾在法治化轨道上解决，另一方面必须提升运用法治思维和法治方式解决信访问题的能力，善于运用法律基本精神，正确适用法律规则处理案件，平衡法理情关系，在信访事项的办理中努力实现天理、国法、人情相统一。

2. 坚持以人民为中心原则，践行检察环节“枫桥经验”化解重复信访。信访工作应当遵循以人民为中心的工作原则，践行党的群众路线，为党分忧，为民解难。检察机关法治化实质性化解重复信访，必须坚持以人民为中心，在检察环节践行“枫桥经验”，这就要求既要继承延续矛盾纠纷就地化解的枫桥精神，又要延伸拓展法律监督属性与涉法涉诉领域特点。在办理信访事项中兼顾实体公正与程序公正、兼顾矛盾化解的质量与效率、兼顾司法形象与信访群众内心感受，设身处地将心比心地对待信访群众，对群众的合理诉求和实际困难及时回应、及时解决，从而达到“矛盾不上交”的正面化解效果，让群众

在检察环节信访事项的办理中感受到公平正义。

3. 坚持信访一盘棋原则，构建党委统一领导的信访工作格局。《信访工作条例》第七条确定了坚持和加强党对信访工作的全面领导，构建党委统一领导、政府组织落实、信访工作联席会议协调、信访部门推动、各方齐抓共管的信访工作格局。重复信访利益诉求更加多元化、多层次，除司法诉求外往往伴随其他经济利益，检察机关实质性化解重复信访不能脱离其他部门单打独斗，需要在党委统一领导下，构建与公安、法院、信访等部门常态化沟通联系机制，共商解决之策，形成化解合力，共同促进信访矛盾实质性化解。

（二）抓好三个环节，全流程开展重复信访法治化实质性化解

1. 重事前预防。一是常态化开展信访矛盾源头治理。围绕减少信访发生、降低信访上行、防范敏感信访、溯源信访整改四项清单，检察机关各内设机构一盘棋做实做好各项检察工作，从源头上预防、减少信访发生。二是高质效办好每一个案件。坚持检察办案质量、效率、效果有机统一于公平正义，围绕实体、程序和感知三个维度办案，以高质效的办案让老百姓感受到公平正义，进而预防和减少重复信访。三是做好风险预警评估。坚持"谁承办、谁负责，全面评估、及时预警，防范在先、及时化解"的原则，在拟不批准逮捕、不起诉、不支持监督申请等关键流程及时评估可能存在的风险，制定化解预案。

2. 抓事中化解。一是重视初信初访办理工作。压实首办责任，群众第一次信访有人受理、有人调查、有人处理、有人答复，以最快速度和最优方案解决群众合理合法诉求，避免因处理不及时拖成重复信访。二是强化释法说理。既要加强法律文书的释法说理，使有效的法律决定通过缜密思考和充分说理，有利于人民群众的理解、接受和认

同，[①]更要加强当面释法说理，用群众听得懂、能理解的语言解释法律规定，避免因解释不到位酿成重复信访。三是落实“三到位一处理”信访处理原则。综合运用公开听证、司法救助、社会帮扶等措施，对诉求合理的解决问题到位、诉求无理的思想教育到位、生活困难的帮扶救助到位，同时注重收集证据，对非法信访严肃处理，对构成犯罪的依法予以刑事处罚，避免因处理不到位造成重复信访。

3. 防事后回流。一是做好治理结果衔接。对已依法终结的涉法涉诉信访案件及时向同级党委政府部门沟通汇报，发挥司法“终局性”作用，由当地政府落实稳控责任。二是持续跟进防变量。群众合理诉求要解决彻底、解决到位，防止因矛盾化解不彻底引起信访“反弹”“回流”，同时对已作终结处理但矛盾未化解的重复信访要跟踪进展防变异。三是常态化开展反向审视。实行控告申诉案件、国家赔偿案件、信访案件反向审视全覆盖，通过案件评查、案件评析等方式，梳理、分析、研究，查找司法办案中存在的普遍性、倾向性、苗头性问题，形成有针对性的关于规范司法、改进工作的意见，从源头上预防和减少重复信访。

（三）盘活三种资源，全领域落实重复信访法治化实质性化解

1. 精准利用大数据资源。受时间、空间限制，重复信访人的信访持续时间、信访行为强度、向哪些机关信访、在不同部门的信访诉求有何区别等因素存在信息壁垒，重复信访往往是“大水漫灌”式的粗放治理，[②]具有一定被动性。大数据时代的来临给重复信访法治化实

① 参见李清伟、朱红刚：《检察法律文书释法说理工作存在的问题及对策》，载《中国检察官》2020年第5期。

② 参见傅广宛：《信访大数据与重复上访现象治理的变革》，载《中国行政管理》2019年第11期。

质性化解带来新的方向，有学者提出建设大数据时代新型信访治理平台，[①] 最高人民检察院也在积极探索“每案必评、依法化解”数据赋能平台。从理论到实践，通过大数据对信访人情绪、人格测试进行画像，实现精准化解、主动预测的重复信访治理新格局。

2. 善用活用领导资源。重复信访往往持续时间较长、矛盾错综复杂、涉及多个部门。化解重复信访案件，应当发挥院领导在工作思路、资源力量、处置经验等方面的优势，但同时要注意去除司法的行政干预，改变经常性集中交办、过分依靠行政推动、通过信访启动法律程序的工作方式。要善用活用领导资源，对于重复信访中涉及部门多、人员多、时间跨度大、政策性强的疑难问题和骨头案、钉子案，由各部门负责问题梳理，提出包案建议，院领导负责统筹力量，打造院领导牵头、多部门协作的重复信访立体化解模式，对重复信访案件包点调研、综合研判、因案施策、协同联动，确保案结事了。

3. 整合利用社会资源。一方面，要整合人的力量，发挥律师队伍、调解员、乡贤能人、专家学者、网格员等第三方专业、客观、中立优势，从情理法的角度化解重复信访；另一方面，要统筹制度机制，融合律师参与化解和代理涉法涉诉信访案件制度、人民调解制度、公开听证制度、涉法涉诉信访工作衔接配合机制等，推进重复信访法治化实质性化解多元共治运行机制。激发重复信访治理的内在活力，形成涉法涉诉重复信访法治化实质性化解的社会合力。

（四）完善三种机制，双向保障重复信访法治化实质性化解

1. 建立重复信访终结退出机制。落实涉法涉诉信访终结机制，对符合信访终结条件的信访案件及时启动终结程序，并建立涉法涉诉信

① 参见郭建文：《大数据时代新型信访治理平台——“云上信访”建设浅析》，载《法治与社会》2021 年第 6 期。

访案件终结信息共享库。对于已经终结的案件，及时向上级单位、部门报告备案，严格落实终结制度，不再列入接访、登记范围，与当地党委、政府有关部门及基层组织做好对接工作，交由地方党委、政府落实教育稳控措施。上级单位、部门对下级报告备案的终结信访案件，不受理、不办理、不交办（转办）、不统计、不通报，退出重复信访案件清单，重点做好释法明理和教育劝返工作，杜绝上访无止境的不当情形，确保信访终结制度的公正性、权威性。

2. 健全优化信访考核和问责机制。坚决纠正“重数量、轻解决，重稳控、轻化解”的考核方式，改进信访工作考核的标准和方法，改变单纯以非正常上访人次数为基础的信访责任追究机制。既要信访稳定，也要防止片面追求不切实际的“零信访”。要正确区分维权型上访和谋利型上访、有理访和无理访，合理界定信访界限，重塑信访功能，更好地发挥信访制度作为公民政治参与和权利救济制度的作用。对于办案单位已经穷尽一切手段仍未能化解的无理访，不再列入信访评价考核指标。

3. 完善信访法律制度体系建设。2023 年 10 月，中央信访工作联席会议办公室制定了信访法治化工作指南和“路线图”、分领域依法依规处理信访事项“导引图”，营造办事依法、遇事找法、解决问题用法、化解矛盾靠法的良好法治环境。但还需从民意通达和法治建设的方面入手，建立多元化的民意表达渠道，同时对信访人违反法律规定非法缠访、闹访行为，落实滥用信访的惩戒机制，进一步加快信访法治化建设，织密法律之网，做好法治对信访工作的引领、保障作用。

（五）更新三方观念，在思想上根治重复信访

1. 加强教育培训，更新检察办理理念。一是树立正确区分和对待诉求的理念，以“矛盾有因、问题有解”的态度对待每一件重复信访，

并从中甄别合理诉求与无理诉求，哪怕只有百分之一的合理诉求，都要用百分百的努力去解决。二是牢固树立接访办信就是办案的理念，将每一件群众信访都当作一个案件来办理，严格落实 7 日内程序性回复和 3 个月内结果性答复的要求，确保办理信访工作高质量开展。三是转变“重办案、轻信访”的思维观念，在案件办结前做好矛盾化解，从源头预防信访矛盾。

2. 强化法治宣传，提升公民法治观念。坚持谁办案、谁普法，将普法宣传贯穿司法办案的全过程，通过以案释法、窗口普法、媒体宣传等途径积极引导、教育信访人正确行使权利，通过正当法律途径反映问题，依法文明表达诉求，形成学法、懂法、用法的法治思维，养成“依法信访，依法维权”的良好习惯，转变信访群众“信访不信法”的错误观念。

3. 培育法治信仰，凝聚社会共识。《法治社会建设实施纲要（2020—2025 年）》明确指出社会主义法治社会的“六大特征”，排在首位的就是“信仰法治”。信仰法治强调的是人们对法治发自内心的认可、崇尚、遵从和服从。通过编发典型案例等方式，持续积极参与弘扬民主、法治、公正等社会主义核心价值观行动，不断推进法治社会建设，提高全体人民的法治修养，使其由衷地信仰法治，把法律的规定内化为行为自觉，使法治变成人们的生活方式，形成社会共识，才能更好地预防重复信访的发生。

检察工作现代化视野下的检律协作实务研究

——以西藏自治区检察机关为例

达娃吨珠　达央宗　嘎松旺姆*

近年来，西藏自治区检察机关认真贯彻最高检工作部署，不断探索深化检察机关与律师之间的协作（以下简称检律协作），积极构建多渠道、多元化矛盾化解机制，做实做细检察环节信访矛盾化解工作，在构建和谐检律关系、最大限度解决群众所面临的涉法涉诉困难问题、促进实现案结事了方面取得了一定成效。实务中，由于对检律关系的范围、内涵等方面的认识存在差异，检律协作一定程度上也还存在形式化、片面化等问题，与检察工作现代化的要求还存在着一定的差距。在检察工作现代化服务中国式现代化的新时代背景下，检律协作本质上是检律作为法律职业共同体的有机组成部分，通过二者之间的良性互动，可以在促进实现司法公正、推动全面推进依法治国、促进社会和谐稳定方面发挥建设性作用。为此，本文从检察工作现代化服务中国式现代化着眼，立足西藏自治区检察机关检律协作实践，围绕进一步完善检律协作进行探讨，以期为检察机关找准检律协作着力点提供参考借鉴。

* 达娃吨珠，西藏自治区人民检察院第十检察部主任，三级高级检察官；达央宗，西藏自治区人民检察院第十检察部四级高级书记员；嘎松旺姆，西藏自治区人民检察院第十检察部书记员。

一、我国检律关系的产生与发展

从有关法律制度的建立和修订过程看，我国检律关系总体上呈现从无到有、再到不断细化深化的变化特征，大致上经历了缺位、失衡、对抗、重塑四个阶段。[①]

新中国成立至 1979 年：检律关系处于缺位阶段。新中国成立至 1979 年期间，由于我国尚未建立完整的刑事司法制度体系，也没有具体的有关检律制度的法律规定，该阶段的检律关系总体上处于真空状态。尽管 1954 年制定的宪法、人民检察院组织法两部法律使得我国检察制度得以初步成型，且两部法律对于律师的工作职能也进行了界定，使得我国的律师制度也初具雏形，但随着 1959 年司法部被撤销，律师制度开始销声匿迹，特别是经历“文化大革命”后，检律制度实际上已被取消，检律之间自然也不存在实质意义上的关系。该阶段的检律关系总体上可称之为缺位阶段。

1979—1996 年：第二阶段检律关系处于失衡阶段。1979 年我国颁布第一部刑事诉讼法、人民检察院组织法，并于 1980 年正式实施，同年颁布我国第一部《律师暂行条例》，因“文化大革命”而被破坏的法律制度得以重生并进入发展正轨。这三部法律法规的颁布施行，为检律制度的发展提供了法律依据，自此检律关系开始了新的历程。但由于这一阶段，检律关系在控辩关系中表现出控辩不分、控辩失衡的状态，所谓律师辩护权利已然沦为一种形式，双方之间力量悬殊，无法达到平等对话，因而在这一阶段，检律关系处于一种失衡状态。

1996—2012 年：检律关系处于对抗阶段。早期建立的检律关系

① 参见郭松：《刑事司法中的新型检律关系研究》，海南大学 2017 年硕士学位论文。

随着 1996 年刑事诉讼法修订后正式步入正轨，随之在 1997 年律师法正式开始施行后，我国律师制度在历史上有了里程碑式意义的转变，且这部法律在 2001 年、2007 年历经两次修订后对律师职业身份的性质进行了更加科学的界定，同时也让律师有了更加全面且广泛的辩护权利。这一阶段，我国诉讼模式基本已进入控辩对抗模式，律师介入诉讼程序的时间已提前，检律之间的对抗不仅体现在律师开始享有独立辩护权，还体现在律师可对检察官的权利进行约束限制，从而避免检察官拥有超越职权现象发生，因此这一阶段检律关系处于对抗阶段。

2012 年至今：检律关系处于重塑阶段。2012 年刑事诉讼法进行了全面修订，此修订打破了传统格局，重塑了检律关系，构建了检律间的新型互动，检律对抗关系逐步得到缓和。最高检在全国律师协会座谈会上指出，检律良性互动，是贯彻习近平法治思想的要求，构建新型良性互动的检律关系，对建设社会主义法治国家、推动检察工作现代化发展具有十分重要意义。特别是 2023 年 3 月，最高检、司法部、全国律协联合发布《关于依法保障律师执业权利的十条意见》(以下简称《十条意见》)，有力推进了律师执业权利的全方位保障，为检律关系的发展提供了规范指引。本课题组研究认为，《十条意见》最大的特点是比较贴合实际，自此检律关系开始从宏观的制度理念转化为具体的、具有实操性的工作规范。西藏自治区检察机关为进一步发挥律师作用，不断拓展检律协作的广度和深度，努力构建“亲清”良性检律关系，推动信访问题在法治轨道上解决，认真学习贯彻落实《十条意见》，并按照最高检年度工作要点开展了一系列工作，切实保障律师职业权利，努力推动检律协作高质量发展。

二、西藏自治区检律关系的现状与困境

（一）检律协作关系的现状

1. 法治意识不断强化，职业隔阂降低。一是检律双方虽职责分工、角色定位不同，但秉承着相同的法治理念、价值观，既追求维护社会公平公正，又严格依据法律程序办事，双方基于控辩对立而处于对抗状态，随着近年来检律间的良性互动，双方法治意识、职业素质的提升，互设障碍情形减少、职业隔阂降低，相互交流逐步深化实化。二是深入贯彻习近平法治思想，加强保障律师执业权利和检律协作，推动法律职业共同体建设。西藏检察机关始终将依法保障律师执业权利作为长期任务自觉行动，积极畅通律师执业权利救济渠道，保障律师执业的各项权利，如昌都市两级院积极成立保障领导小组，制定切实可行的方案并组织召开检律协作工作会议，签订《关于合力促进检律良性协作的意见》。

2. 检律沟通交流常态化，充分重视律师意见。西藏检察机关积极构建“亲清”检律关系，一是主动邀请律师担任听证员，发挥律师专业优势，通过与调解员共同释法说理，积极参与刑事和解提升和解效果，让当事人更容易接受检察机关处理决定。如全区三级院办理刘某某申诉案件中，检察官与律师协同对相关法律和事实问题逐一进行释疑解惑，有效提升了当事人的认可度，实现了很好的听证效果。二是主动邀请律师代表参加“开门纳谏”座谈会，广泛听取律师意见建议。如拉萨市检察院与拉萨市司法局、拉萨市律师协会共同签订《关于建立良性互动检律关系定期会商机制的实施意见》，就建立联席会议制度、完善便利律师参与诉讼机制、发挥律师作用、建立检律互督互评制度等方面予以明确和规范；日喀则市检察院和林芝市检察院将律师意见建议作为专项整治工作内容，研究出台了《便民利民十大举措》

《依法保障律师执业权利的实施意见》。三是在办理案件中全面审查律师就办案工作提出的意见，对有事实和法律依据的意见积极吸收，在制作法律文书时载明律师意见，明确检察机关采纳情况及不予采纳的理由，在案件作出决定前征询辩护律师意见，做到“能见尽见、应听尽听”。

3. 构建良性检律关系，依法保障律师权益。西藏检察机关在提前通知、保障阅卷、听取意见等方面进行创新和探索，采取积极有效措施，确保检察环节律师权利依法得到保障。一是依法保障律师知情权，依照检务公开相关规定，不断完善互联网等律师服务平台，丰富完善案件信息查询方式，近三年来共公开案件程序性信息13000余条、法律文书380余份，以公开听证方式审查案件1300余件次。二是依法保障律师阅卷权，专门设立律师接待室和律师阅卷室，购置办公设备，依法保障律师查阅、摘抄、复制案卷材料的权利，共受理643件，刻录光盘860张，有效解决了律师阅卷难的问题。三是依法保障律师提出意见权，听取律师意见工作得到有效落实，认罪认罚案件有辩护人及值班律师参与2018人，参与率达94.6%，确保了认罪认罚工作高质量发展，对受理律师收集调取证据申请后依法审查办理的，共听取辩护人意见2228人次。四是在办理民事行政检察案件中，积极维护律师权利，做到依法保障律师代理权、尊重当事人委托律师代理，并认真听取律师意见和审查律师所提交的材料。

4. 落实认罪认罚从宽制度，推动值班律师制度。一是为完善法律援助值班律师制度规范化、常态化运转，发挥法律援助制度维护当事人合法权益，拉萨市、林芝市检察院实行了固定与机动相结合的方式安排值班律师值班，专门设立了“律师工作室”，配置了办公设备，并制定值班律师的工作职责、办案规则。二是通过设立法律援助值班律师，为没有辩护人的犯罪嫌疑人、被告人提供法律帮助；为自愿认罪认罚的犯罪嫌疑人、被告人释明认罪认罚的性质和法律规定，参与协商见证认罪认罚案件，提升认罪认罚从宽制度适用比率；为信访群众释法说理、评析信访案件、代理申诉案件，缓解社会矛盾，在“四大检察”工作中充分听取律师履职意见，确保在检察环节作出合法合理的决定，共同促进司法公正。三是进一步加强检律协作，确保律师实质参与认罪认罚从宽制度，在办理认罪认罚案件时，做到每案听取辩护律师或值班律师意见，对已委托辩护律师的做到提前通知告知，确保犯罪嫌疑人在签署认罪认罚具结书时辩护律师实时在场并有明确意见。及时依法向值班律师提供卷宗复印服务，规范填写刑事案件听取值班律师意见表，认真听取值班律师意见。

（二）检律协作关系的困境

1. 硬件设施不完善，律师权益保障不充分。西藏地理位置偏远，基础设施建设相对落后，硬件设施和技术条件有限，因而在保障律师阅卷方面还存在等待时间较长和暂无法全面实现异地阅卷等情形。一是在阅卷权上能够保障及时安排阅卷，但在案件提起公诉后，辩护律师对调整或者补充的证据材料，存在查阅、摘抄等保障不充分情况。二是受传统办案观念影响，一些干警对保障律师权利问题上不够重视，存在认为律师参与诉讼是对犯罪嫌疑人的一种纵容和包庇的错误思想，如《十条意见》颁布后，控申部门依据该条进行监督时，有的部门认为小题大做，存在抵触心理，检察机关自身思想认识不统一，不利于检律进一步沟通协作。三是办理信访案件过程中，各级检察机关主动登门问计，与同级司法行政机关及律师协会携手共进的工作思路不宽、办法不多，办案规范性有待提升。四是在安排律师阅卷时，缺乏询问和听取收集律师意见的主动性。目前西藏检察机关主要通过刻录光盘开展电子化阅卷，可供律师选择的阅卷方式还较少。

2. 律师资源短缺，参与度较低。一是目前西藏地区律师资源短缺，特别是在偏远基层院的值班律师无法全覆盖，且在贯彻落实认罪认罚从宽制度中，律师见证犯罪嫌疑人签署具结书的工作积极性不高、参与度不深。二是尽管近年来西藏律师事业得到长足发展，但西藏地区经济社会发展水平相对滞后，律师队伍数量严重不足，业务素质还有待提高。三是从实践中看，西藏有限的律师资源无法满足犯罪嫌疑人认罪认罚协商事务需求，同时受西藏山高沟深路远路险、高寒低压缺氧等艰苦条件因素影响，西藏县区部分律师资源严重不足，值班律师不愿过多消耗自身精力细琢案件材料、量刑规则。四是信访人对检察机关的释法说理往往持怀疑态度，而当检察机关因管辖问题需将信访分流至其他机关时，又难摆脱推诿的嫌疑，因此对于律师参与矛盾纠纷化解和息诉罢访力度上仍需进一步加强。

3. 检律合作领域不深，协作互动不强。当前，在实务中发现，检律之间除在办理案件时在规定的场所进行正常交流和业务往来外，双方少有互动情况。一是在司法实践中，检律之间能够有效沟通互动的平台和机制的不健全致使检律互动效果不高。二是在思想观念上，检律之间依然存在不少冲突、隔阂，检察官对律师的不够重视、律师对检察官的不够信任导致检律协作不深。三是随着媒体监督、群众监督手段多样化，传播效率的迅速化，检察人员对接触律师也变得更加忌讳，不敢互动、不愿互动。四是在主动上门纳谏、收集线索，构建检律沟通长效机制上做得还不到位，双方协作互动不强，检律同堂培训机制需要进一步完善和常态化。五是对保障律师执业权利案件监督宣传力度不够，律师对监督范围的领会和理解还不够深刻，监督范围上还存在误解。

4. 法律人才单向流通，缺乏职业互通性。党的十八届四中全会提出“从符合条件的律师、法学专家中招录立法工作者、法官、检察官”机制，由于西藏地理位置偏远，律师资源匮乏，其素质能力、职业能力有待进一步提升。一是目前西藏还未有从符合条件的律师、法学专家中招录检察官的先例，检律职业交流制度落实难度相比内地更大。二是由于体制内晋升、薪资待遇存在一定差异，使得律师进入法检部门的意愿并不高，相反在检律职业互通中，离开法检进入律师队伍的现象较为多见。

三、完善检律协作的建议

（一）完善检律协作关系的宏观机制

1. 建立检律协作常态化机制。一是开展常态化监督保障工作。一要积极响应并精心组织安排主动向律师问需问计等各项活动有序展开；二要坚持开展常态化阻权监督办案工作，抓实抓细各项具体措施，为律师提供更多的权利救济渠道；三要常态化开展各项保障律师执业权利工作，建立检律互督互评工作机制，规范律师与司法人员接触交往，营造风清气正的司法环境，同时在服务经济发展中加强检律合作，协同营造法治化营商环境。二是提供常态化法律帮助，并逐步开拓工作局面。一要落实好律师阅卷权、会见权，完善相关制度保障；二要设置律师来访绿色通道，依托12309检察服务中心，推动律师接待规范化；三要借助数字化、信息化技术，为律师执业提供便利服务，对辩护律师进出建立单独台账；四要注重案例示范引领，认真学习最高检发布的保障律师执业权利典型案例，开展西藏检察机关违规通报，争取达到“办理一案、治理一片”的良好效果。三是建立检律沟通联络常态化机制。一要在辖区相关律师事务所建立阳光检律关系联络点，定期征集或通过联络员主动反映检察机关的意见和建议；二要定期召开西藏检察机关检律协作座谈会议，全面总结西藏检察机关召开检律协作座谈会以来的有效经验和做法，查找制约检律协作健康发展的问题，理顺机制、整合力量、加强双方之间的沟通协作，以实际行动提升西藏检律协作工作科学化水平。

2. 建立信息共享机制。一是律师在办理案件过程中，发现刑事、民事、行政、公益诉讼“四大检察”等监督线索，特别是侦查人员、检察人员、审判人员违法行为，及时向检察机关控告、举报。二是检察机关发现律师违规违纪行为，及时向司法行政机关移送相关线索。在民事、行政检察工作中，加强检律沟通协作，通过代理律师发现、提供线索的，充分行使检察机关调查权，查清事实，提升检察监督质效。定期组织与律师协会、律所召开联席会议，分析会商律师执业权利保障工作，对办案中发现侵犯律师执业权利的线索，依据管辖原则，第一时间交市县院办理。三是以数字改革为引领，健全完善律师阅卷、接待沟通等机制，大力优化西藏检察服务信息平台的建设和使用，以信息平台为载体共同实现法律法规、司法解释、典型案例等资料的共享。

3. 建立深度交流合作机制。一是加强检律协作互动，不断提升协作互动质效，重要事项可随时会商研究解决，同时开展律师满意度调查，组织律师回访活动等，以“请进来 + 走出去”的方式，推动检律沟通常态化。①二是积极邀请律师参与涉法涉诉信访、民刑、涉未成年人等案件讨论，听取律师意见建议，实现政治效果、法律效果、社会效果统一，积极拓展和深化检律在涉法涉诉信访等领域协作配合的

① 参见李泉颀：《新型检律关系研究》，山东大学 2019 年硕士学位论文。

广度和深度。三是协同司法行政机关共同建立律师听证员信息库，促进律师广泛参与公开听证等检务公开工作，提升检察工作质效。四是积极支持律师代理民事公益诉讼案件，加大专项资金投入，提升自身硬件条件，为律师执业提供更加高效且便捷的服务。五是协同司法行政机关加强律师资源供给，增强认罪认罚案件律师参与度和积极性，不断强化法律援助、值班律师经费保障。六是创新检律协作交流方式，积极搭建检律交流平台，通过举办检律论坛、典型案例研讨、模拟庭审等方式加强检律互动，促进检律关系走深走实。

4. 建立涉法涉诉信访工作机制。一是建立完善检律协作涉法涉诉信访工作参与机制，积极引导信访群众依法维护权益，畅通表达自身诉求。二是健全完善检律互督互评机制，探索推进律师公益代理申诉工作，积极促进检律之间形成良性互动，充分发挥律师作用，促进矛盾化解和息诉息访，提高涉法涉诉信访问题化解能力和效果。

（二）完善检律协作关系的微观路径

1. 优化内部服务，提升硬件设施水平。一是创造良好的阅卷环境，积极建设律师接待室，保证配备设施齐全，便于律师阅卷、查阅。二是加强大数据应用，提供案卷材料光盘刻录、多元化阅卷、程序性信息推送等服务，将服务保障方式从单一保障升级至复合保障。三是综合西藏地理位置偏远、经济发展相对滞后等因素，加大资金投入和保障力度，进一步提升西藏硬件设施水平，保障服务水平更加优化。

2. 优化网络服务，提升人性化接待水平。一是做到律师可随时通过 12309 中国检察网直接申请阅卷、会见、查看案件进展等程序性信息。二是打造在线服务信息化平台，整合各部门分散工作职责，提供快捷便利的“一站式”服务，建设完善具备公开、查询、预约、认证等功能，线上、线下同步运行立体保障服务机制。

3. 优化值班律师制度，提升认罪认罚工作水平。一是保证律师实质参与认罪认罚具结书签署，重视检律双方对定罪量刑的意见和分歧。二是为值班律师实质参与认罪认罚案件创造条件，做实做细向法院随案移送值班律师法律帮助意见书等工作，促进值班律师实质参与到认罪认罚案件办理中。[①] 三是促进值班律师积极参与立案监督信访案件矛盾化解，设立专门的值班律师工作室，值班律师通过现场答疑、释法说理引导帮助信访人理性维护自身权益，促进矛盾就地化解。四是加大对值班律师权益保障，优化值班律师制度，提升值班律师工作水平和办案服务能力，为犯罪嫌疑人提供更加优质的法律服务。

4. 完善检律职业交流制度，促进人才双向流动。一是建立更加完善的用才、引才机制，提高检察职业的吸引力，从而吸引一些资深律师进入检察机关，加强完善检律之间的交流与协作。二是完善招录方式，在招录各大法学院学生基础上，将从律师行业中公开选拔检察官的工作变成常态化。三是进一步加大人才援藏力度，推动人才的双向流动。

---

① 参见邓恒、关欣：《认罪认罚从宽制度视域下新型"检律关系"之构建路径》，载《中国法治》2023 年第 4 期。

控告申诉检察部门办理刑事申诉案件反向审视分析

——基于司法责任落实角度的检视

张明恺 *

控告申诉检察肩负办理刑事申诉案件等职能，是检察机关开展法律监督工作的“富矿”。通过对办理的刑事申诉案件开展反向审视，对于促进提高法律监督质效、持续提升服务群众工作能力，具有重要意义。本文主要结合笔者 2023 年底抽调到最高检工作的思考体会，对协助办理的多件刑事申诉案件，尝试从司法责任落实的角度开展反向审视，以检视司法办案中的不足问题，有针对性地提出强化监督制约、规范司法权力运行等建议，以期有助益“高质效办好每一个案件”。

一、司法责任落实问题是刑事申诉案件反向审视应予以足够关注的重要方面

自党的十八届三中全会、四中全会部署对司法管理体制和司法权运行机制改革、确立司法责任制以来，经中央全面深化改革领导小组审议通过，最高法、最高检先后发布完善司法责任制度若干意见等多个配套文件。此后，各级法院、检察院以司法责任制为核心，自上而

---

* 江西省人民检察院第十检察部四级高级检察官。

下全面落实司法人员分类管理、司法机关内部管理、防止违法干预司法活动等配套改革。2015年3月，习近平总书记在十八届中央政治局第二十一次集体学习时深刻指出："要紧紧牵住司法责任制这个牛鼻子，凡是进入法官、检察官员额的，要在司法一线办案，对案件质量终身负责。"司法责任制的核心要义是全面落实法官、检察官主体地位，谁办案谁负责、谁决定谁负责。司法责任制改革后，检察官成为检察办案基本组织形式。检察官经检察长授权，对绝大多数司法案件独立作出决定。①

在笔者看来，检察官的司法责任内涵其实是比较丰富的。实践中，为满足人民群众日益增长的美好生活需要，加快建设法治社会，检察官需要履行不同性质的义务，承担着多重司法责任。作为党员，检察官负有政治义务，承担政治责任；作为司法人员，检察官要回应人民群众对司法工作越来越高的期待，承担客观公正办理案件的法律责任；作为社会治理的参与者、法治社会的建设者，检察官也负有相应的社会义务，承担相应的社会责任。不仅如此，检察官的司法责任内容也非常具体。如最高检党组要求检察人员持续推进习近平法治思想的检察实践；更新办案理念，推进检察工作理念现代化；紧紧围绕党和国家中心任务全面履行检察职能，自觉为大局服务、为人民司法、为法治担当；让"高质效办好每一个案件"成为新时代新征程检察履职办案的基本价值追求；要求敢于监督、善于监督、勇于自我监督；自觉把监督、办案融入国家治理大格局中考量，以检察建议促进社会治理；等等。

笔者认为，司法责任制如同每一个司法案件的DNA，标识着每一

① 参见最高检司法体制改革领导小组办公室：《〈关于完善检察官权力清单的指导意见〉的理解与适用》，载《检察日报》2017年5月24日，第3版。

个检察产品的“生命密码”。因此，对刑事申诉案件开展反向审视工作，首先应检视检察人员司法责任落实问题，这是控告申诉检察人员开展反向审视应予以重点关注的一个重要方面。

二、通过反向审视发现的部分检察人员在司法责任落实方面存在的不足

经对笔者办理的多件刑事申诉案件开展反向审视，发现部分检察人员在落实司法责任上主要存在以下几个方面的不足。

（一）办案理念方面

具体案例：毛某才刑事申诉案。

基本案情：毛某才系原审被告人毛某萱的父亲。2018 年 11 月，毛某萱（男，案发时 17 岁）和被害人张某某（女，案发时 17 岁）认识并发展为男女朋友关系，双方家长对此均不知情。2018 年 12 月 15 日 21 时 40 分许，张某某与毛某萱一起在宾馆和朋友喝酒至次日凌晨 1 时许。因醉酒二人遂到毛某萱家二楼毛某萱房间居住。当日 13 时左右，张某某准备离开，但不想让毛某萱家人看见，提出从房顶跳下，毛某萱以危险为由予以阻止。之后毛某萱提出用拉杆箱将张某某运出去，实践后失败。后两人商议毛某萱用床单把张某某从二楼卧室窗户（距离地面 6 米）卸到墙外一楼窗户上面的雨搭（距离地面 3.7 米）上，再由毛某萱到胡同里接其下来。毛某萱遂拽着床单一端，张某某拽着床单另一端从窗户向外移动时坠落到地，致颅脑损伤，经抢救无效于 2018 年 12 月 17 日死亡。医院抢救张某某期间，毛某萱在明知张某某家人已报警的情况下在医院等候民警到来，到案后如实供述犯罪事实。

2018 年 12 月 30 日，毛某萱被 A 县检察机关批准逮捕，后以过失致人死亡罪向法院提起公诉。2020 年 7 月 13 日，B 市中级人民法院作

出终审判决，以过失致人死亡罪判处毛某萱有期徒刑1年9个月，并赔偿刑事附带民事原告人经济损失。毛某萱的父亲毛某才不服法院判决，多次向检察机关申诉，均被驳回。后毛某才申诉至最高检。

通过反向审视发现的主要问题：原案承办检察官在贯彻落实宽严相济刑事政策和对未成年人教育、感化、挽救的方针以及检察各环节加强释法说理方面，即在更新办案理念、推进检察工作理念现代化等办案理念方面尚存在差距。

笔者认为，宽严相济刑事政策是我国一项基本刑事政策。2018年10月修订的刑事诉讼法正式确立认罪认罚从宽制度。在笔者看来，宽严相济刑事政策强调刑法适用上的恢复性司法理念，彰显“案结事了人和”的效果追求，要求将化解矛盾纠纷贯穿于检察工作始终。同时，刑事诉讼法还明确规定：“对犯罪的未成年人实行教育、感化、挽救的方针，坚持教育为主、惩罚为辅的原则。”也彰显了对未成年人犯罪治理的恢复性司法理念。本案中，毛某萱系未成年人，与受害人是情侣关系；案件系过失犯罪，被害人率先提出并多次提议从楼上窗户跳下等危险方式下楼，对结果发生存在过错；毛某萱主观恶性小，没有犯罪前科，积极救治被害人，有自首情节，犯罪情节较轻。案发时，毛某萱正在上高三，面临高考。因此，单从受害人张某某和被告人毛某萱的以上情节看①，对毛某萱似并无逮捕、起诉、判处刑罚的必要，但毛某萱最终被逮捕、起诉并被判处1年9个月的有期徒刑，对此毛某萱的父亲难以认同，进而导致其长期申诉信访，反映出办案人员在

① 但从全案证据的角度看，案发时毛某萱具备预见危险的条件和能力，但毛某萱仍实施协助行为，导致发生张某某坠楼死亡的后果，法院认定构成过失致人死亡罪并无不当，综合考虑被害人家属未对毛某萱予以谅解等情节，法院判处其1年9个月的有期徒刑也符合罪责刑相适用原则，因而本申诉案件对申诉人释法说理后驳回申诉，审查结案。

贯彻恢复性司法理念上的不足。

（二）对公安机关监督履职方面

案例：曹某江刑事申诉案。

基本案情：申诉人曹某江与原案被害人曹某英系隔壁邻居。1995年，双方家庭因建房一事发生纠纷，之后一直矛盾不断，积怨颇深。2000年7月14日下午，两家人员又发生打斗，曹某英10岁的儿子李某持刀将曹某江砍伤。事后两家人员到C市公安局某派出所要求处理，民警答复第二天再予处理。曹某江、曹某英两家人离开派出所回家，在路上两家人再次发生冲突，曹某江持刀捅刺曹某英腹部、右腋、手臂等处，致曹某英当场死亡。案发后，曹某江长期潜逃。2011年12月，曹某江被公安机关抓获归案。2013年7月，D省高级人民法院终审判决曹某江犯故意伤害罪，判处死刑，缓期2年执行，剥夺政治权利终身，赔偿附带民事诉讼原告人经济损失。

通过反向审视发现的问题：检察人员未针对本案有关公安人员违法渎职行为开展法律监督。

笔者认为，根据1998年公安部《公安机关办理刑事案件程序规定》第八章第一节受案条款，公安机关对于公民报案的，都应当立即接受，保障报案人的安全，迅速进行审查处理。曹某江等人当年到公安派出所报案时，公安人员以下班为由，拒绝接受，答复第二天再予以处理。由于曹某江等人的矛盾未及时解决，回家路上再次发生冲突，最终出现一人死亡的刑事案件，相关公安人员涉嫌玩忽职守。曹某江案前端办案、刑事申诉环节检察官未按照《关于对司法工作人员在诉讼活动中的渎职行为加强法律监督的若干规定（试行）》等文件要求，对该司法人员渎职行为应予以监督。该案发生11年后，申诉人曹某江才被抓获归案，此时公安机关的原始侦查卷宗已丢失，导致不得不进行后续侦查，相关证人证言均系侦查人员重新调查取证，法医鉴定意见则是依据从公安机关刑事技术室调出的2000年7月14日对死者曹某英的尸体勘验笔录和尸检照片制作，导致曹某江不服法院判决，进而长期申诉。①

（三）对法院监督履职方面

具体案例：张某勇刑事申诉案。

基本案情：2017年11月24日凌晨1时许，原审被告人张某勇、张某友、浦某、彭某刚、张某林等人从E市某温泉酒店来到停车场时，因为被害人朱某华错上了张某勇等人汽车，彭某刚、张某勇对朱某华实施殴打。被害人杜某明、郑某珍、孙某银、李某刚等人见状上前拉劝，又被张某勇等人殴打。后张某友从车辆后备箱找来一把刀，张某勇从车辆后备箱找来两根钢管并将一根钢管分给浦某。张某友持刀砍刺杜某明等人，张某勇、浦某二人持钢管，伙同彭某刚、张某林等人对杜某明、郑某珍、朱某华、孙某银、李某刚等人实施殴打后逃离现场，导致杜某明经抢救无效当场死亡，郑某珍、朱某华、孙某银、李某刚受伤。经鉴定：杜某明系被单刃锐器刺击左下腹造成右髂内动脉1/2断裂致人出血死亡；郑某珍、朱某华的伤情为轻伤一级，孙某银、李某刚的伤情为轻伤二级。2018年1月，E市中级人民法院判决张某友、张某勇、浦某、彭某刚、张某林为共同犯罪，均构成故意伤害罪。张某友、张某勇为主犯，浦某、彭某刚、张某林为从犯。判处张某友死刑，剥夺政治权利终身；判处张某勇死刑，缓期2年执行，剥夺政治权利终身；判处浦某、彭某刚、张某林有期徒刑。宣判后，张某友、

① 虽然本案公安人员玩忽职守行为犯罪已超过追诉期限，但承办申诉案件的基层检察院仍可以通过向公安机关发出规范接受报案、加强卷宗档案管理等工作的检察建议。

张某勇等人不服提出上诉。2019 年 12 月，F 省高级人民法院作出终审裁定，驳回上诉，维持原判。

通过反向审视发现的问题：F 省高级人民法院、E 市中级人民法院判决、裁定文书制作不严谨、不细致，行文、内容出现明显矛盾，导致申诉人对判决结果产生不满提出申诉。F 省人民检察院办理申诉案件时对法院司法瑕疵监督不到位，未充分履行好检察监督职责。

笔者认为，E 市中级人民法院判决书落款时间是 2018 年 1 月 7 日，而本案一审庭审时间是 2018 年 11 月 8 日，判决书落款日期存在笔误。E 市中级人民法院判决书列举监控录像等视听资料证据时，认定原审被告人彭某刚首先殴打朱某华引发本案；但在“本院认为”部分，又认定系申诉人张某勇“首先动手殴打被害人朱某华”，前后矛盾。F 省高级人民法院裁定书也存在明显笔误，该裁定所引述尸体检验鉴定书内容为死者“左眼外侧、背部左侧肩胛区、左肩背部腋窝上方、右上臂上段外侧、左大腿中下段内侧”创口，符合被钝器打击形成，但尸体检验鉴定书对上述创口致伤工具分析其实是锐器打击形成。案件是否由张某勇先动手引发、死者创口是否由张某勇所持钢管造成，直接决定对张某勇的量刑，法院文书的多处错误属于司法瑕疵，严重影响法院判决、裁定的公信力。检察机关对上述问题，理应要求法院补正、撤销后重新印制并予以解释说明。但 F 省人民检察院办理张某勇刑事申诉时对上述问题予以回避，没有正面回应张某勇对该方面的质疑，未充分履行好法律监督的职责。

（四）落实首办责任方面

具体案例：梁某富刑事申诉案。

基本案情：法院认定申诉人梁某富于 2007 年 10 月至 2009 年 2 月，利用担任某粮油公司董事长兼总经理的职务便利，向公司董事会提出投资一次性自毁注射器项目，在未形成决议的情况下，与孙某某签订借款协议，安排公司出纳员分两次转给孙某某个人账户资金 60 万元，至今未能偿还。2014 年 9 月，法院终审判决以挪用资金罪判处梁某富有期徒刑 3 年。梁某富不服法院判决，多次向法院提出申诉，均被驳回。2020 年，梁某富向 G 市人民检察院提出申诉。G 市人民检察院审查认为，梁某富个人决定挪用资金证据不足，梁某富未谋取个人利益，法院判决梁某富犯挪用资金罪事实不清、证据不足，向同级法院提出再审检察建议。2021 年，法院复函仍维持原判，对再审检察建议不予采纳。2022 年，梁某富向 H 省人民检察院申诉，H 省人民检察院未予支持，审查结案。最终梁某富申诉至最高检。

通过反向审视发现的问题：刑事申诉案件首办人民检察院未充分履行首办责任，上级人民检察院未把好受理关口，将不应受理的案件予以受理，受理后简单办案，导致申诉矛盾继续上行。

笔者认为，《人民检察院办理刑事申诉案件规定》第四十五条第二款明确规定："再审检察建议未被人民法院采纳的，可以提请上一级人民检察院抗诉。"本案中，法院对 G 市人民检察院检察建议不予采纳，G 市人民检察院理应对本案再次作出评判，决定驳回申诉或提出抗诉意见并答复申诉人，而 G 市人民检察院未按法定程序充分履职监督，属于首办责任落实不充分。《人民检察院办理刑事申诉案件规定》第九条第三款规定："不服人民检察院刑事申诉案件审查或者复查结论的申诉，由上一级人民检察院管辖。"G 市人民检察院并未对梁某富申诉作出最终审查结论，并不符合 H 省人民检察院受理条件，予以受理属于受理错误。H 省人民检察院作出的刑事申诉结果通知书论证、说理均不充分，对核心申诉诉求未予回应，办案质量不高，案件办理未得到申诉人认可，属于简单办案，导致申诉矛盾继续上行。

（五）法治化处理信访、正确引导信访人方面

具体案例：郭某亮刑事申诉案。

基本案情：甲水泥厂系全民所有制企业。1995 年 4 月 13 日，甲水泥厂决定成立某市销售处，并任命郭某亮为某市销售处经理。1995 年 6 月，甲水泥厂某市销售处注册成立，性质为全民所有制，法定代表人为郭某亮。1997 年 9 月，甲水泥厂更名为某水泥（集团）有限责任公司，为国有独资企业。1998 年 11 月，某水泥（集团）有限责任公司决定撤销某市销售处，但未实际履行注销手续，双方也未进行结算，此后郭某亮主要负责某市销售处清欠工作。2000 年 10 月 20 日、2001 年 6 月 22 日郭某亮先后两次将某市销售处账户内 30 万元、12.9 万元转入郭某亮女婿冯某证券账户，用于冯某炒股和取现，金额合计 42.9 万元。某水泥（集团）有限责任公司核实账目时发现该情况后案发，涉案款项至今没有归还。2018 年 5 月，I 市中级人民法院作出终审判决，以挪用公款罪判处其有期徒刑 7 个月。郭某亮不服，多次向法院、检察机关申诉，均被驳回或未予支持。最终郭某亮申诉至最高检。

通过反向审视发现的问题：以法治思维、法治方式处理信访诉求能力不足，对诉求明显不合理的申诉人释法说理、教育引导不到位，矛盾化解不注意方式方法。

笔者认为，中共中央、国务院发布的《信访工作条例》第二十七条明确规定，各级机关、单位及其工作人员在办理信访事项时，对诉求无理的要思想教育到位，对行为违法的要依法处理。党的二十大以来，中央更是多次提出信访法治化要求，规划明晰的信访路线图，强调司法人员要运用法治思维、法治方式，将矛盾化解全面纳入法治化轨道。根据以上要求，检察人员对提出明显不成立的无理诉求信访人，

应当以事实证据为依据，加强法治宣传，加强教育引导。本案中，郭某亮申诉认为其向女婿冯某转的42.9万元系其应分得的利润而非公款，认为原审法院认定本案为挪用公款犯罪适用法律错误，实际应属于民事纠纷。经查，郭某亮作为国家工作人员，挪用公款数额较大、进行营利活动，犯罪事实清楚，证据确实、充分。但郭某亮所挪用公款并没有归还，郭某亮对该款是否具有非法占有目的，本案是定挪用公款犯罪还是贪污犯罪存在一定争议。原办案检察机关综合全案事实证据起诉郭某亮构成贪污犯罪。对法院挪用公款罪的认定，原办案检察机关认为法律适用错误、量刑畸轻，曾向法院提出抗诉。郭某亮现提出“涉案款项是其应分得的利润”的说法，明显与案件事实证据不符，且该说法反而佐证了检察机关的抗诉观点。案件申诉阶段，I市检察人员没有结合事实证据对郭某亮进行教育引导；没有结合党和国家强力反腐政策，揭示郭某亮犯罪行为的危害，没有促使其对自身犯罪性质和行为有更清醒认识；矛盾化解方式方法不够灵活，没有向申诉人释明其申诉理由不仅不能成立，反而可能导致更加不利的后果。

三、加强和改进有关工作的建议

2017年10月中共中央办公厅下发的《关于加强法官检察官正规化专业化职业化建设全面落实司法责任制的意见》明确提出强化监督制约，规范司法权力运行，提升司法公信力等要求。根据上述要求，结合笔者办理刑事申诉案件开展反向审视发现的上述不足问题，笔者建议从以下几个方面加强和改进有关工作。

（一）加强内部制约，强化监督管理

加大案件质量评查力度，建立常规评查、重点评查、专项评查相结合的工作机制，加强评查结果运用，倒逼提升办案质效。进一步充

分发挥检察官惩戒委员会作用，坚持依法依规履职，对检察官涉嫌违反检察职责的行为，认真做好惩戒事项受理、承办、审议等工作，切实做到事实清楚、定性准确、程序规范、专业审慎。加强检察官惩戒委员会与检察机关人事部门的协调配合，确保惩戒事项的调查核实、审查意见、依法依规处理各环节得到有机衔接。积极运用大数据模型、人工智能等现代技术手段，实现案件全程网上办理、司法活动及干预办案情况全程留痕、违规操作自动拦截、办案风险实时提示，有效约束和规范司法自由裁量权的行使，确保公正廉洁司法。

（二）推动源头治理，明确工作任务

将刑事申诉作为检测、评价刑事检察办案质效的重要指标，通过反向审视撬动前端办案检察官树牢宗旨意识，转变办案理念，改进工作作风，注重矛盾化解，避免程序空转，从源头上防控衍生后端刑事申诉。建议进一步规范反向审视工作机制，对反向审视范围、内容提出具体要求，进一步细化反向审视监督线索排查、发现、移送、纠正、整改流程，完善矛盾预警化解和工作考核、评价等配套机制，着力解决部分检察人员认为反向审视是“软任务”，反向审视报告标准不统一、随意性大等突出问题。

（三）突出上下一体，注重程序约束

坚持检察一体化履职，推动反向审视工作与司法责任制改革、信访法治化要求的对接融入。建议参照刑事赔偿案件报送省级人民检察院统一指导的做法，对首次办理的刑事申诉案件，实行上一级检察机关同步把关工作机制。首办院拟将刑事申诉案件办结的，应将办理情况向上一级人民检察院控告申诉部门报告办理情况。建议上一级人民检察院不仅要审查刑事申诉案件办理情况，还要审视原司法环节存在的各类问题和瑕疵。审查刑事申诉案件办理情况的内容应当包括：是否依法依程序办案；是否认真听取和依法采纳诉讼参与人意见；是否做实认罪认罚从宽和刑事和解相关工作；是否落实宽严相济刑事政策；是否落实法律监督责任；是否按照"应救助尽救助"原则开展了司法救助；是否跟进、充分进行释法说理；是否积极主动采取措施化解矛盾等。对原司法环节存在的问题和瑕疵的审视内容应当包括：案件事实认定、法律适用、证据采信、办案程序、工作作风等方面问题。以此实现反向审视从结果干预向程序约束转变，引领检察人员更新办案理念，切实解决司法责任落实不到位的问题，提高办案质效，破解重复信访等顽疾。

检察机关司法救助工作助力乡村振兴实践探析
——以安康市汉滨区人民检察院为视角

屈绳忠　阎兆君　雷海燕*

深入开展司法救助工作，是检察机关学习贯彻习近平新时代中国特色社会主义思想，践行以人民为中心的发展思想，彰显为大局服务、为人民司法、为法治担当和“高质效办好每一个案件”价值追求的重要方面。近年来，陕西省安康市汉滨区人民检察院（以下简称汉滨区院）认真贯彻落实《中共中央关于加强新时代检察机关法律监督工作的意见》和最高检关于大力开展司法救助工作部署，面对司法救助工作新形势新任务新要求，扎实开展司法救助助力乡村振兴专项活动（以下简称专项活动），取得明显成效。本文立足汉滨区院近年开展司法救助专项活动实际情况，对近年来该院的主要做法成效作了简要梳理总结，对实践中面临的救助资金保障不足、调查核实工作有盲区、与社会救助衔接帮扶工作有待进一步完善等突出困难，有针对性地提出了对策建议，以期为以点带面推动司法救助助力乡村振兴专项活动深入开展提供参考借鉴。

* 屈绳忠，陕西省安康市汉滨区人民检察院党组书记、检察长，三级高级检察官；阎兆君，陕西省安康市汉滨区人民检察院第五检察部主任，一级检察官；雷海燕，陕西省安康市汉滨区人民检察院第五检察部副主任，检察官助理。

一、汉滨区院近年推进专项活动主要情况

2021 年以来，汉滨区院立足检察机关司法救助职能，聚力脱贫攻坚与乡村振兴工作有效衔接，着力打造“高、全、融、实”四位一体“同心圆”司法救助品牌，按照应救尽救、应救即救的原则要求和专项活动明确的救助重点，切实加大对脱贫不稳定户、边缘易致贫户、突发严重困难户以及军人军属、未成年人、残疾人、困难妇女等六类农村地区生活困难当事人的救助力度。四年来，共办理农村地区生活困难当事人司法救助案件 284 件，其中脱贫不稳定户 76 件，未成年人 59 件，军人军属 34 件，残疾人 29 件，困难妇女 86 件，发放司法救助金 100 余万元，充分发挥司法救助“救急解难”功能作用，结合被救助人实际困难需求有针对性地协调衔接开展社会救助综合帮扶工作，有效防止一批农村地区生活困难当事人因案致贫、返贫，为全面推进乡村振兴作出了应有贡献。

（一）坚持“高”的政治站位，推动工作高质量发展

站在践行以人民为中心发展思想、强化民生基础保障、夯实党的执政根基的高度，准确把握新时代检察机关司法救助工作职能定位，把司法救助作为检察机关密切联系群众、关注民生民利、纾解群众疾苦的“国之大者”，紧紧围绕党和国家工作大局，主动融入、服务、保障乡村振兴战略，切实增强责任感使命感，以高的政治站位切实推动新时代检察机关司法救助工作高质量发展。

（二）建立“全”的制度机制，推动全过程规范有效救助

紧盯司法救助全过程，建立健全制度机制，全面推进司法救助工作专业化、规范化建设。一是建立程序告知制度。对进入检察环节有被害人或被侵权人的刑事、民事检察案件，制发司法救助权利义务告知书，与案件文书一起向被害人或被侵权人同步送达，将救助程序向

办案前端延伸。二是完善线索移送机制。强化部门联动，将司法救助线索移送工作纳入全院检察官业绩考核，激发刑事、民事、行政等检察办案部门主动发现线索的积极性，下活全院联动“一盘棋”。强化上下联动，对拟救助对象生活特别困难、司法救助需求急切的案件，主动争取上级检察机关支持，打通上下级联动救助渠道。三是建立多元救助协作配合机制。牵头与汉滨区乡村振兴局、民政局、教体局等 13 家县级单位联合印发《关于建立国家司法救助与其他社会救助相衔接工作机制》，围绕加强对困难群众救助帮扶这一“圆心”，从司法救助与社会救助线索相互移送反馈、调查核实工作相互支持推进、司法救助与社会救助无缝衔接等多个方面构建起多部门协同推进的“同心圆”救助新格局，确保同心同向、同频发力，切实提升司法救助工作质效。

（三）凝聚“融”的强劲合力，协同推进综合司法保护

注重融合协同推进其他检察业务工作，寻找“最大公约数”。一是融合推进刑事申诉案件办理。对符合司法救助条件的刑事申诉人，及时告知司法救助政策，按照规定启动司法救助程序，帮助解决其家庭困难的同时，促进申诉信访矛盾得到及时有效化解。二是融合推进未成年人检察保护。开辟未成年人救助“绿色通道”，对救助资金予以倾斜，加速办理，协调社会各方力量给予特殊、优先和全面保护。近年来共向未成年人发放救助金 25 余万元，协调其他部门予以社会救助 10 万余元。三是融合推进民事支持起诉工作。对农村困难妇女提起的离婚、变更监护权等民事诉讼，在作出支持起诉的同时，同步启动司法救助程序，帮助困难妇女渡过难关。四是融合推进行政争议实质性化解工作。对涉及有关行政争议实质性化解的行政检察监督案件，符合司法救助条件的，依职权快速启动司法救助，推动行政争议实质

性化解。

（四）突出“实”的工作主基调，推动司法救助工作落地见效

坚持“实”的工作主基调，确保以实实在在的工作措施、工作效果赢得被救助人和社会各界的支持。一是突出快速办理。针对农村地区生活困难当事人的司法救助案件，实行救助线索立收立审，实现救助程序启动快、调查核实工作推进快、司法救助金审批发放快，确保司法救助“救急解难”作用得到充分发挥。二是坚持定期回访，通过电话、上门等方式，对被救助人进行回访，监督救助资金使用情况，关心其家庭生活困难解决情况，督促相关救助政策落地落实。三是强化专项报告。积极向本地党委汇报专项活动进展成效，争取将司法救助所需资金列入财政专项预算，最大限度予以保障，实现司法救助经费专门化，真正做实画好司法救助“同心圆”，扎实做好“稳心”“暖心”的民生工作。

二、汉滨区院在开展专项活动中遇到的实践困境问题

汉滨区院近年司法救助助力乡村振兴工作取得了实实在在的成效，但随着救助规模的持续扩大和工作的不断深入推进，在救助资金、调查核实及衔接开展社会救助持续跟进帮扶等方面也遇到了一些实践困境问题。

（一）司法救助资金方面

司法救助资金来源单一，且数额有限。以汉滨区为例，该区司法救助资金的来源主要依靠财政拨款，而该区属于经济欠发达地区，加之存在该区检察机关司法救助案件基数大、司法救助对象90%以上都来自农村地区、司法救助案件数量难以准确预测、所需司法救助金也无法提前评估等情况，使得每年地方配套的司法救助资金十分有限，

最多的一年也只有 25 万元，最终导致人均司法救助金额较低。同时，囿于缺乏具体的救助标准规定，容易出现“同案不同救”。《人民检察院开展国家司法救助工作细则》（以下简称《细则》）第十条对救助金的标准数额作出了一般规定，但没有对不同类型的司法救助案件作出更为细致的规定，且第十一条还规定了要综合考虑被救助人的实际损失、过错程度、家庭经济状况等因素，实践中还要统筹考虑当年可供使用的司法救助资金等情况，导致在同类型救助案件中，即使被救助人情况类似，也难以避免出现救助金额不一致的情形。

（二）调查核实工作方面

根据《细则》第七条的规定，开展司法救助的实质条件是拟救助对象生活困难，较为原则，需要通过进一步的调查核实工作进行把握。而在《细则》第十一条规定的确定救助金额所需考虑的六项因素中，除了实际损失、过错程度、赔偿义务人实际赔偿情况等因素相对容易认定以外，家庭经济情况、维持生活的最低支出等因素则较难调查核实。实践中，检察机关对有关农村地区被救助人生活困难、家庭经济情况、维持生活最低支出等生活困难程度的调查核实工作，通常依据村委会或者当地政府出具的原系建档立卡贫困户、五保户、低保户证明及村组干部相关证人证言来证实，对个人及家庭共同生活人员存款、房产、车辆、投资等情况则无法进行详尽的核查工作，在调查核实拟救助对象生活困难方面一定程度上还存在盲区。

（三）衔接开展社会救助持续跟进帮扶方面

社会救助衔接工作还存在薄弱环节。汉滨区院牵头与其他相关部门建立了司法救助与社会救助衔接工作机制后，为该院衔接开展社会救助工作提供了机制保障。实践中，在个案协调开展社会救助综合帮扶工作时，一些社会救助部门往往以要报上级机关批准、每年社会救助金额有限等为由，导致社会救助工作跟不上检察机关的司法救助步伐，影响了综合救助帮扶效果。此外，根据《细则》第三条、第九条等规定，检察机关司法救助是辅助性救助措施，对同一案件的同一当事人只救助一次；在救助方式上，除了发放司法救助金之外，还可以针对被救助人的具体情况，衔接开展社会救助综合帮扶措施。实践中，由于汉滨区院的救助对象90%以上都是偏远农村地区困难老人、妇女、儿童及残疾人，往往属于留守人员，以务农为主，没有副业收入，家庭主要劳动力外出打工的收入往往也不高，家庭经济抗风险能力较差，检察机关予以司法救助后，突发严重困难的可能性仍然较大。实践中，检察机关针对个别重点被救助人，积极协调衔接开展了社会救助综合帮扶工作，但从工作面上来说还是非常有限的，囿于人力、机制等因素的制约，客观上难以做到衔接开展社会救助、持续跟进帮扶的全面覆盖。

三、进一步加强司法救助助力乡村振兴的建议

（一）探索构建司法救助数字化平台

依托大数据赋能，系统谋划、高标准搭建国家司法救助综合平台，推动工作智能化、便捷化、规范化、长效化开展。在拓宽司法救助线索方面，汇集民政、残联、妇联、退役军人等多部门涉及低保、五保、残疾人、困境儿童、困难军人军属等信息数据，定期更新，通过与刑事案件被害人信息进行数据对比碰撞，全面及时发现救助线索。在救助资金上，构建以司法救助为基础，以民政、医疗、教育等部门社会救助为辅助，以网络众筹等慈善资金为补充的“三位一体”多元化救助资金渠道，促进救助资源的整合和协作。在内外协同上，通过金融、不动产登记等部门查询被救助人实际家庭经济情况，精准把握救助条

件和标准，并通过平台公示救助资金的发放、流向，使用情况可查、可看，确保救助工作公开、透明，避免对不符合条件人员进行救助。

（二）探索细化完善救助资金规范化标准

根据常见的司法救助案件类型，探索将司法救助案件划分为侵害人身权利类、侵害财产权利类、弱势群体扶养类、民事执行类、行政争议实质性化解类以及涉法涉诉信访类等不同类型，确定不同救助标准基数。结合被救助人受损害程度，造成轻伤、重伤、死亡等不同后果，造成财产损失大小等，划分若干不同救助标准的倍数等次，进而明确相对合理的正向救助金数额。同时对被救助人在案件中是否存在过错及过错程度来确定负向指标。实际操作中，具体倍数还可以根据当地实际救助预算来进行适当调整，综合各类指标计算具体个案的司法救助金数额，这样既体现了同类案件同一标准，也针对个案体现适当差异，尽量做到公平合理救助。

（三）做深做实社会救助衔接工作

在遵循司法救助“救急解难”功能、重点在于解决被救助人燃眉之急的基本前提下，为提升司法救助综合效果，避免司法救助金“一发了之”，一方面可通过线上的司法救助数字化平台，尽量扩大衔接开展社会救助的工作面，缓解检察机关在人力、机制等方面的困难；另一方面可通过线下联合农业农村、民政、妇联等部门组织定期开展回访方式，对重点被救助对象进行动态监测，了解其家庭生活变化情况，并根据其家庭情况持续优化综合帮扶方案，持续督促协调有关社会救助部门开展跟踪帮扶工作，实现从“输血”式救助向“造血”式精准帮扶转变，推动新时代检察机关司法救助工作高质效发展。

Dayi Jiehuo

答疑解惑

编者按：为加强控告申诉检察工作指导，提高控告申诉检察干警参与最高人民检察院开设运行的检答网学习交流积极性，现将检答网中有关控告申诉检察问题的咨询解答择优摘录编发，供各地参考借鉴。

人民法院以不属于自诉案件范围为由驳回的刑事裁定是否属于人民检察院刑事申诉案件受理范围

关键词：人民检察院　人民法院　自诉　刑事申诉

咨询人：吉林省人民检察院　黄大为

咨询内容：2012 年最高检印发的《人民检察院办理不服人民法院生效刑事裁判申诉案件工作指南》规定，申诉人对人民法院自诉案件的判决裁定申诉的，人民检察院应当受理，但人民法院以不属于自诉案件范围为由驳回的，不予受理。2020 年最高检印发的《人民检察院办理刑事申诉案件规定》（以下简称《规定》）仅对自诉案件当事人自愿放弃诉讼权利或者没有履行相应诉讼义务的案件作出了不予受理的特殊规定，对于人民法院以不属于自诉案件范围裁定驳回的情况，未予以规定。实践中，此类案件中的当事人在收到人民法院以不属于自诉案件范围为由驳回起诉的裁定后向检察机关申诉，控申部门工作人员因《规定》中对此类情况未作明确规定，因而导致应对做法不一。

个人意见：个人认为，此类案件以不受理为宜。一是《人民检察院办理不服人民法院生效刑事裁判申诉案件工作指南》仍是现行有效的工作规范性文件，其内容对现行工作具有指导性。二是此类案件未进入法院实体审理程序，故其裁判结果未对当事人产生影响。三是从实践当中掌握的情况看，当事人对此类申诉的案件，人民法院作出的裁定基本不存在“属于自诉案件范围的案件，但却以不属于自诉案件范围为由驳回起诉”的情况。四是如果检察机关受理此类案件，则可能出现大量信访矛盾集中到检察机关的情况。

咨询时间：2023-05-09

解答人：最高人民检察院第十检察厅　李效安

解答意见：最高检专家组经研究认为，按照《刑事诉讼法》第二百五十二条规定，当事人及其法定代理人、近亲属，对已经发生法律效力的判决、裁定，可以向人民法院或者人民检察院提出申诉，但是不能停止判决、裁定的执行。人民法院对自诉案件所作出的判决、裁定，也属于刑事判决、裁定的范畴。据此，自诉案件当事人及其法定代理人、近亲属对人民法院已经发生法律效力的判决、裁定提出申诉，属于检察机关管辖的刑事申诉范围。但应当注意的是，自诉案件不同于公诉案件。无论是提起诉讼的方式、举证责任，还是法院审理案件的程序及方式，自诉案件都有其自身的特点。在自诉案件中，自诉人较之公诉案件的当事人享有更大的诉讼权利和自主权。同时，权利和义务是对等的。在自诉案件中，自诉人也承担着相应的诉讼义务。自诉人在行使诉讼权利和履行诉讼义务方面，具有完全的自主性。对于自诉人没有正确行使诉讼权利、放弃诉讼权利或者未依法履行诉讼义务，导致法院作出于己不利的裁判，而后又向检察机关提出申诉，检察机关可以不予受理。为此，《人民检察院办理刑事申诉案件规定》第十五条规定：“自诉案件当事人及其法定代理人、近亲属对人民法院已经发生法律效力的刑事判决、裁定不服提出的申诉，刑事附带民事诉讼当事人及其法定代理人、近亲属对人民法院已经发生法律效力的刑事附带民事判决、裁定不服提出的申诉，人民检察院应当受理，但是申诉人对人民法院因原案当事人及其法定代理人自愿放弃诉讼权利或者没有履行相应诉讼义务而作出的判决、裁定不服的申诉除外。”

我国刑事诉讼的启动方式，分为自诉和公诉两种，依据《刑事诉讼法》第二百一十条的规定，自诉案件包括告诉才处理的案件，被害人有证据证明的轻微刑事案件，以及被害人有证据证明对被告人侵犯自己人身、财产权利的行为应当依法追究刑事责任，而公安机关或者人民检察院不予追究被告人刑事责任的案件。其他刑事案件都属于公诉案件。人民法院以不属于自诉案件范围为由驳回的裁定，如当事人认为被告人涉嫌犯罪的，可以向公安机关报案，通过公诉程序追究被告人的刑事责任。刑事申诉是刑事诉讼的最后救济程序，当事人对公安司法机关相关处理结论不服，其诉求如有其他法定救济程序的，应当依照相应法定程序反映其诉求，而不属于刑事申诉管辖范围。也就是说，人民法院以不属于自诉案件范围为由驳回的，当事人及其法定代理人、近亲属可以采取报案、控告等方式启动公诉追诉程序实现其诉求，不属于人民检察院刑事申诉案件受理范围。

解答时间：2023-12-25

人民法院关于移送管辖的民事裁定是否属于检察机关民事诉讼监督范围

关键词：人民法院　民事裁定　移送管辖　检察监督

咨询人：湖北省武汉市汉阳区人民检察院　余汛芳

咨询内容：申请人对人民法院移送管辖的民事裁定不服，向检察机关申请监督，控告申诉检察部门是否可以受理？

个人意见：个人认为，如将该申请视为是对移送管辖的民事裁定不服，则该裁定不能上诉、再审，不属于检察机关可以监督的民事裁定，故检察机关不应受理；如将该申请视为是认为法院审判活动违法，法院移送管辖后，受移送的法院如认为本院没有管辖权，可以通过由上级人民法院指定来确认管辖法院、纠正管辖，或是由当事人向受移送的法院提出管辖权异议来寻求救济，但法院移送管辖的行为本身没有违反民事诉讼法的规定，即该种情况下，法院不存在审判活动违法的情形。故检察机关不应当受理。

咨询时间：2022-07-05

解答人：湖北省人民检察院第十检察部　周蕾

解答意见：对于控告申诉检察部门是否应当受理对人民法院移送管辖民事裁定不服的民事监督申请，应从以下两个方面来进行判断。

一是要看是否符合生效裁判结果监督的条件。根据民事诉讼法、《人民检察院民事诉讼监督规则》等法律法规及司法解释的规定，生效裁判结果监督的范围包括符合《民事诉讼法》第二百二十条第一款规定的已经发生法律效力的民事判决、裁定以及调解书。同时应满足以下条件：裁判结果必须已经发生法律效力；能够通过再审程序予以纠正；裁判结果存在错误，即裁判结果存在事实认定有误、适用法律错误或者审判程序违法等问题。从这一方面看，个人同意咨询人的意见——因法院移送管辖民事裁定不能够通过再审程序予以纠正，故不符合生效裁判结果监督条件。二是要看是否符合审判程序违法监督的条件。审判程序违法是指人民法院在民事审判活动中业已完成的某一审判程序违反了具体的法律规定。这里的“法律”应作广义解释，既包括全国人大及其常委会制定的法律，也包括司法解释和司法解释规范性文件。因此，要判断是否符合审判程序违法监督的条件，就必须明确这一移送管辖民事裁定是否违反了相关法律，需要申请人提供相应的证据予以证明，在没有充分证据证明违反具体法律规定的情况下，不应当受理。

解答时间：2024 02 28

Wenyuan
文　苑

温暖他人也是温暖自己

姬 瑞*

2008年8月我大学一毕业，就一直在陕西省宝鸡市金台区人民检察院工作，先后经历民事行政检察、反渎职犯罪检察岗位后，从2014年1月起来到现在的第五检察部，主要从事控告申诉检察工作，不知不觉已经在控告申诉检察岗位上工作了十年。

从一种不同的感受，到自我认同

十年前，我刚刚到控告申诉检察岗位时，有一种与以往岗位不一不同的感受，看到的是另一种“风景”。作为检察机关联系群众的纽带、服务群众的窗口，我在控告申诉检察岗位上接触到了很多人。有人抱着孩子，有人拄着拐杖，有人坐着轮椅，有人看似身体健康内心却“千疮百孔”，有人因为腿脚不便等原因甚至无法来到检察院，只能通过电话进行沟通。来到检察院的这些人，有的能平静诉说，有的情绪激动，还有的未语泪先流。当时，我作为控告申诉检察部门的一名新兵，每天都像是在看一场展现人间冷暖疾苦的电影，有时可能会因为听了主人公的遭遇而唏嘘不已，有时会因为群众的种种不理解而感到委屈难受，陷入一种“不能自拔”的情绪甚至产生一种莫可名状

* 陕西省宝鸡市金台区人民检察院三级检察官助理。

的“纠结”。

所幸，过了不多久，我的这种状态消失了。如今，我已想不起来我是从什么时候、因为什么人、因为什么事而发生的改变。或许是从那个领到司法救助金、对我再三说感谢的司法救助申请人开始的，也可能是从那个对我说“你放心，我不纠结了，从今往后我要回家好好过日子”的信访人开始的。但无论怎样，我深深地知道，这种状态的改变，不是那些所谓的“见多了就不怪了”的冷漠，而是因为我发现，控告申诉检察是一份传递温暖的工作，并在传递温暖的过程中也让我感受到了一种久违了的温暖。毕竟，随着时间的磨砺和岗位的历练，我对控告申诉检察工作中蕴含的为民司法理念已经有了更加深刻的理解和把握，对自己作为一名控告申诉检察人应该具有的锄强扶弱、匡扶正义的角色担当，也有了更加坚定、更加自豪的自我认同。

为什么我的眼角含有泪水，那是因为温暖

2023年的一天，我接到一个电话，电话那头的声音显得有些苍老且迟缓，她说自己八十多岁，身体不好行动不便，所以给我们寄了一封信反映问题。从那天起我连续几天都去传达室询问，一直没有见到她的信。想过很多种可能，最不好的情况是信件丢失，我联系她，问她有没有复印件，再寄一份。她着急地说：“姑娘啊，那是我手写的。”我安慰她不要着急，如果找不到我们可以带案下访。于是我挨个科室挨个同事地询问查找，终于找到了那封那么薄却那么重的信件，我告诉她信件收到，我们会及时处理。电话里的声音依然苍老迟缓，颤抖着对我说谢谢。那一瞬间，我想，她一定是感受到了温暖。

原来，她的这封来信是反映自己一家系外来务工人员，全家靠经营一个水果摊为生，2023年2月的一个晚上，收摊后回家的路上不幸遭遇车祸，她和女儿、儿子都受了伤。女儿伤情最重，事故致右耳听力严重障碍，损伤程度为重伤二级。她和儿子都是骨折，儿子年轻，虽然还是干不了重活，但恢复得还不错，而她本人的情况就没有那么乐观，过去了这么久，骨伤仍然不愈。沉重的医疗费用就像大山一样压得本就不富裕的家庭喘不过气来，而肇事司机至今未给予他们任何赔偿，迫不得已她写信向我们求助。了解到案情后，我们迅速将情况汇报给检察长，检察长高度重视，及时组织我们前往她家中详细了解情况。她家中的困难情况比我想象中的还要严重——北方寒冷的天气，没有暖气的出租屋，卧床不起的她，听力严重障碍的女儿以及走路跛脚的儿子。肇事车辆没有保险，肇事司机赔偿能力欠佳，在本次事故中还是酒后驾驶。我们很快为他们启动司法救助程序，不仅为他们发放了司法救助金，还主动联系区妇联开展联合救助。

之后的一个平常工作日，我的电话响了，我接起来便说："你好，这里是金台区人民检察院。"电话的那头，传来了一个熟悉的声音："姑娘，你好啊。"我一愣，原来是她。她说多亏了我们，家里的困难得到很大程度的缓解。那一天，她没有再说案子上的事情，我也没有释法说理。她问我成家了没有，有没有孩子，她说年轻的时候自己毛衣织得特别好，她说要是身体好，真想给我的小宝织一件毛衣呀。挂了电话，我偷偷擦了下眼角，还是被办公室的小姑娘看见了。她小声地问："姐，你是难过了吗？"我说："不，那是因为温暖。"

温暖他人，也是温暖自己

还有一次，一个二十来岁的姑娘来向我们申请司法救助。那天，外面寒风凛冽，她衣衫单薄。我给她倒了杯热水，跟她说天气太冷，多穿点，要不然老了会受罪。她说在网上认识了一个人，先是假意关心，后来就是状况不断，数次编造理由向她借钱，她一而再再而三地相信，直至那人消失了，她才明白受骗了。我们去她的住处了解情况，才知道她母亲在她小的时候就去世了，父亲把她过继给舅父，长大后她离开家，再没有人问她穿得暖不暖，能不能吃饱，才明白她的受骗可能是源于缺爱，她再三地付出，只想留住那一点点虚假的温暖。经过审查，我们发现，于她来说，因诈骗遭受的损失已是其难以承受之重，又无法得到赔偿。我们认为，她符合司法救助条件，决定予以救助。发放司法救助金那天，我对她说，找份工作，不要怕吃苦，不要轻信别人，遇到钱的事可以来咨询一下我们。临走时，我叮嘱她，把钱存起来，花钱要有计划。她抹着眼泪对我表示感谢，说妈妈去世后再没有人跟她说过这样的话。一段时间后，她突然又来了，跟我说找到了一份超市收银员的工作，生活开始步入正轨。送她出门的时候，她突然转身对我鞠了一躬，说是我让她明白了什么是真的对她好。那一天，我感觉心头一直涌动着一股幸福感。

叔本华说："人生是一场痛苦的旅程。"我想，痛苦的经历一旦有人分担，痛苦就减少了一半。我那些工作中的温暖瞬间，既是我真心对待群众、减轻其痛苦的动人时刻，也是我温暖他人、最终也温暖了自己的一个过程。或许，每个人都期待被世界以温柔相待，纵有疾风起，也有人可以替他遮风挡雨。作为一名新时代的控告申诉检察人，我将用心自觉践行习近平法治思想，用情办好每一起群众信访案件，维护好群众的正当合法权益，用爱去点亮生命的至暗时刻，呵护好人生旅途中所遇到的希望之花，让他们在控告申诉检察窗口感受到更多的司法温暖。

愿孩子们心中有光、向阳成长

——办理一起跨省司法救助案有感

沈琳旦 *

“他为了一家老小的生计不远千里来余姚打工，现在他走了，他的一家老小成为我的牵挂……”我是土生土长的余姚市人，见证了这里是怎样携手一批批来姚务工的兄弟姐妹，从一个沿海小县发展成为一个富而强、富而美的幸福城市。后来，我成为了一名检察官，在一件件案件办理中，我更加懂得，人们的生活变故可能不期而至，我们要做的，是自觉扛起司法为民的使命担当……

赔偿未落地，孩子怎么办

姚某，老家在湖南省新晃县，为了生计来到余姚务工。2021 年 11 月，他下班后搭乘朋友王某的车回家，行驶途中车辆突然失控撞向隔离带，姚某在送医途中不幸身亡。

案件移送至我院审查起诉，我院以交通肇事罪对被告人王某提起公诉，最终王某获刑入狱。案子判了，肇事者却未进行分文赔偿，死者留下两个孩子，他们的未来如何保障？司法救助案件线索进入了我的视线。

---

* 浙江省余姚市人民检察院第九检察部主任，一级检察官。

案子办结了？不，“案子”才刚刚开始

收到刑事检察部门移送的材料时，2021年关已近，新冠疫情防控再次收紧，怎样才能尽快核实情况开展工作呢？我想了又想，试着打通了湖南省新晃县检察院的电话，辗转联系到了新晃县院控申部门负责人廖检察官，说明情况后，廖检察官回复汇报领导。经过半天等待，廖检察官回电全力配合，我悬着的心终于落地，迅速将调查取证清单和相关委托调查手续发给廖检察官。新晃县检察院经过调查核实，反馈的有关姚某两个孩子及其家庭生活情况，比我想象的更糟。我越深入跟进案件，越对这个不幸的家庭产生深深的担忧——姚某的妻子很多年前就离家出走，至今未归，家里有姚某八十多岁的祖父、先天性聋哑一级残疾的伯父、10岁的儿子、8岁的女儿以及正在读高三的妹妹，家庭生活来源主要依靠姚某的父母务农来支撑。这个家庭可以说是风雨飘摇。为最大程度争取加大司法救助力度，我一方面第一时间向宁波市检察院汇报案件情况，得到了宁波市检察院的大力支持，最终由两级检察院联合开展司法救助；另一方面也将本案有关情况向湖南省新晃县检察院反映，为被害人一家争取到更多的救助。我明白，新晃县检察院廖检察官他们一定也付出了巨大的精力，我的内心充满感激。

道阻且长，但那一头是牵挂

我们联合发放的司法救助金，暂时解决了姚家的生活问题，然而，这并非长久之计。姚家两个未成年孩子的读书及成长问题，再次成为我关注的焦点。为此，经与新晃县检察院多次沟通，趁着六一儿童节临近，我和同事们远赴湖南省新晃县，计划在当地检察院的协助下，组织当地民政、教育部门及被救助人所在村的村干部召开现场协调会，以解决被救助人家庭的生计难题及两个孩子的读书成长问题。

当天，我们一行人早上 5 点多出发，乘坐高铁历经 8 小时抵达湖南省新晃县，来不及休整，便去了新晃县检察院召开“碰头会”。第二天一大早，我们在怀化市、新晃县两级检察院检察官的带领下赶去被救助人家里。由于当地持续下雨，一路上我们遇到塌方两次，我们齐心协力将拦路石块搬离后继续前行。山路崎岖，让我头晕呕吐，即便如此，我们也未在路上多停留片刻，一心想着尽快到达被救助人家里，尽力提供更多的救助帮扶。

综合救助，彰显社会主义大家庭的温暖

姚某的父亲对我们的到来有点手足无措。我们表明来意后，他开始和我们诉说自己每天的生活、负债的艰辛，所幸，他是个勤快的人，种了 10 亩水稻、养了 2 头猪维持着生计。

在姚家，我们与当地民政、教育部门负责人及村干部，坐在小板凳上开起了协调会。经过 1 个多小时的会商，结合姚家情况，各方积极寻找对口的帮扶政策。我们把政策一项项对过来，最终发现姚家符合 3 项帮扶政策的规定：第一项是“事实无抚养政策”，由派出所出具相关证明，姚父一家可凭借这些证明去当地民政局找对接专员办理相关手续，办理后，每个孩子就能得到每月固定金额的帮扶资金；第二项是当地教育局临时补助，可领取一定的助学金；第三项是将两个孩子列入当地教育系统就学关注名单，可确保他们不会因家境原因辍学。此外，村干部现场表示，姚家在享受低保政策以外，村里将在农房、农合医疗等政策上予以支持，持续做好精准帮扶跟踪工作。

看到大家齐心协力对被救助人家庭进行综合帮扶，我体会到了中国特色社会主义制度的优势，相信被救助人一家也感受到了社会主义大家庭的温暖。

愿未来的日子里，孩子们心中有光、向阳成长

我们返程前，特地来到兄妹二人所在的学校，给孩子们送上了书包和学习用品，询问孩子们的生活、成绩等情况，并围绕如何保护关爱孩子们的身心健康等方面，与校方共商关爱方案。两个孩子虽然年幼就承受了失去父亲的痛楚，但是学习成绩却都很好。面对失去双亲的孩童，我在心底默默祈祷，希望他们在生活变故中依然能感受到党和国家的温暖、社会的善意，能够心中有光，向阳成长。

两省跨越千里，我仿佛看到了时光回溯到 15 年前，我初入检察院在未成年人检察岗位上为孩子奔波的日子。经历多个岗位后发现，原来我那司法为民的初心历久弥坚，在不断的历练中更加坚定有力。

Wenjian Xuandeng
文件选登

最高人民法院 最高人民检察院 公安部 司法部 关于办理醉酒危险驾驶刑事案件的意见

（高检发办字〔2023〕187 号 2023 年 12 月 13 日印发）

为维护人民群众生命财产安全和道路交通安全，依法惩治醉酒危险驾驶（以下简称醉驾）违法犯罪，根据刑法、刑事诉讼法等有关规定，结合执法司法实践，制定本意见。

一、总体要求

第一条 人民法院、人民检察院、公安机关办理醉驾案件，应当坚持分工负责，互相配合，互相制约，坚持正确适用法律，坚持证据裁判原则，严格执法，公正司法，提高办案效率，实现政治效果、法律效果和社会效果的有机统一。人民检察院依法对醉驾案件办理活动实行法律监督。

第二条 人民法院、人民检察院、公安机关办理醉驾案件，应当全面准确贯彻宽严相济刑事政策，根据案件的具体情节，实行区别对待，做到该宽则宽，当严则严，罚当其罪。

第三条 人民法院、人民检察院、公安机关和司法行政机关应当坚持惩治与预防相结合，采取多种方式强化综合治理、诉源治理，从源头上预防和减少酒后驾驶行为发生。

二、立案与侦查

第四条 在道路上驾驶机动车，经呼气酒精含量检测，显示血液酒精含量达到 80 毫克 /100 毫升以上的，公安机关应当依照刑事诉讼法和本意见的规定决定是否立案。对情节显著轻微、危害不大，不认为是犯罪的，不予立案。

公安机关应当及时提取犯罪嫌疑人血液样本送检。认定犯罪嫌疑人是否醉酒，主要以血液酒精含量鉴定意见作为依据。

犯罪嫌疑人经呼气酒精含量检测，显示血液酒精含量达到 80 毫克 /100 毫升以上，在提取血液样本前脱逃或者找人顶替的，可以以呼气酒精含量检测结果作为认定其醉酒的依据。

犯罪嫌疑人在公安机关依法检查时或者发生道路交通事故后，为逃避法律追究，在呼气酒精含量检测或者提取血液样本前故意饮酒的，可以以查获后血液酒精含量鉴定意见作为认定其醉酒的依据。

第五条 醉驾案件中“道路”“机动车”的认定适用道路交通安全法有关“道路”“机动车”的规定。

对机关、企事业单位、厂矿、校园、居民小区等单位管辖范围内的路段是否认定为“道路”，应当以其是否具有“公共性”，是否“允许社会机动车通行”作为判断标准。只允许单位内部机动车、特定来访机动车通行的，可以不认定为“道路”。

第六条 对醉驾犯罪嫌疑人、被告人，根据案件具体情况，可以依法予以拘留或者取保候审。具有下列情形之一的，一般予以取保候审：

（一）因本人受伤需要救治的；

（二）患有严重疾病，不适宜羁押的；

（三）系怀孕或者正在哺乳自己婴儿的妇女；

（四）系生活不能自理的人的唯一扶养人；

（五）其他需要取保候审的情形。

对符合取保候审条件，但犯罪嫌疑人、被告人不能提出保证人，也不交纳保证金的，可以监视居住。对违反取保候审、监视居住规定的犯罪嫌疑人、被告人，情节严重的，可以予以逮捕。

第七条 办理醉驾案件，应当收集以下证据：

（一）证明犯罪嫌疑人情况的证据材料，主要包括人口信息查询记录或者户籍证明等身份证明；驾驶证、驾驶人信息查询记录；犯罪前科记录、曾因饮酒后驾驶机动车被查获或者行政处罚记录、本次交通违法行政处罚决定书等；

（二）证明醉酒检测鉴定情况的证据材料，主要包括呼气酒精含量检测结果、呼气酒精含量检测仪标定证书、血液样本提取笔录、鉴定委托书或者鉴定机构接收检材登记材料、血液酒精含量鉴定意见、鉴定意见通知书等；

（三）证明机动车情况的证据材料，主要包括机动车行驶证、机动车信息查询记录、机动车照片等；

（四）证明现场执法情况的照片，主要包括现场检查机动车、呼气酒精含量检测、提取与封装血液样本等环节的照片，并应当保存相关环节的录音录像资料；

（五）犯罪嫌疑人供述和辩解。

根据案件具体情况，还应当收集以下证据：

（一）犯罪嫌疑人是否饮酒、驾驶机动车有争议的，应当收集同车人员、现场目击证人或者共同饮酒人员等证人证言、饮酒场所及行驶路段监控记录等；

（二）道路属性有争议的，应当收集相关管理人员、业主等知情人员证言、管理单位或者有关部门出具的证明等；

（三）发生交通事故的，应当收集交通事故认定书、事故路段监控记录、人体损伤程度等鉴定意见、被害人陈述等；

（四）可能构成自首的，应当收集犯罪嫌疑人到案经过等材料；

（五）其他确有必要收集的证据材料。

第八条 对犯罪嫌疑人血液样本提取、封装、保管、送检、鉴定等程序，按照公安部、司法部有关道路交通安全违法行为处理程序、鉴定规则等规定执行。

公安机关提取、封装血液样本过程应当全程录音录像。血液样本提取、封装应当做好标记和编号，由提取人、封装人、犯罪嫌疑人在血液样本提取笔录上签字。犯罪嫌疑人拒绝签字的，应当注明。提取的血液样本应当及时送往鉴定机构进行血液酒精含量鉴定。因特殊原因不能及时送检的，应当按照有关规范和技术标准保管检材并在五个工作日内送检。

鉴定机构应当对血液样品制备和仪器检测过程进行录音录像。鉴定机构应当在收到送检血液样本后三个工作日内，按照有关规范和技术标准进行鉴定并出具血液酒精含量鉴定意见，通知或者送交委托单位。

血液酒精含量鉴定意见作为证据使用的，办案单位应当自收到血液酒精含量鉴定意见之日起五个工作日内，书面通知犯罪嫌疑人、被告人、被害人或者其法定代理人。

第九条 具有下列情形之一，经补正或者作出合理解释的，血液酒精含量鉴定意见可以作为定案的依据；不能补正或者作出合理解释的，应当予以排除：

（一）血液样本提取、封装、保管不规范的；

（二）未按规定的时间和程序送检、出具鉴定意见的；

（三）鉴定过程未按规定同步录音录像的；

（四）存在其他瑕疵或者不规范的取证行为的。

三、刑事追究

第十条 醉驾具有下列情形之一，尚不构成其他犯罪的，从重处理：

（一）造成交通事故且负事故全部或者主要责任的；

（二）造成交通事故后逃逸的；

（三）未取得机动车驾驶证驾驶汽车的；

（四）严重超员、超载、超速驾驶的；

（五）服用国家规定管制的精神药品或者麻醉药品后驾驶的；

（六）驾驶机动车从事客运活动且载有乘客的；

（七）驾驶机动车从事校车业务且载有师生的；

（八）在高速公路上驾驶的；

（九）驾驶重型载货汽车的；

（十）运输危险化学品、危险货物的；

（十一）逃避、阻碍公安机关依法检查的；

（十二）实施威胁、打击报复、引诱、贿买证人、鉴定人等人员或者毁灭、伪造证据等妨害司法行为的；

（十三）二年内曾因饮酒后驾驶机动车被查获或者受过行政处罚的；

（十四）五年内曾因危险驾驶行为被判决有罪或者作相对不起诉的；

（十五）其他需要从重处理的情形。

第十一条 醉驾具有下列情形之一的，从宽处理：

（一）自首、坦白、立功的；

（二）自愿认罪认罚的；

（三）造成交通事故，赔偿损失或者取得谅解的；

（四）其他需要从宽处理的情形。

第十二条 醉驾具有下列情形之一，且不具有本意见第十条规定情形的，可以认定为情节显著轻微、危害不大，依照刑法第十三条、刑事诉讼法第十六条的规定处理：

（一）血液酒精含量不满 150 毫克 /100 毫升的；

（二）出于急救伤病人员等紧急情况驾驶机动车，且不构成紧急避险的；

（三）在居民小区、停车场等场所因挪车、停车入位等短距离驾驶机动车的；

（四）由他人驾驶至居民小区、停车场等场所短距离接替驾驶停放机动车的，或者为了交由他人驾驶，自居民小区、停车场等场所短距离驶出的；

（五）其他情节显著轻微的情形。

醉酒后出于急救伤病人员等紧急情况，不得已驾驶机动车，构成紧急避险的，依照刑法第二十一条的规定处理。

第十三条 对公安机关移送审查起诉的醉驾案件，人民检察院综合考虑犯罪嫌疑人驾驶的动机和目的、醉酒程度、机动车类型、道路情况、行驶时间、速度、距离以及认罪悔罪表现等因素，认为属于犯罪情节轻微的，依照刑法第三十七条、刑事诉讼法第一百七十七条第二款的规定处理。

第十四条 对符合刑法第七十二条规定的醉驾被告人，依法宣告缓刑。具有下列情形之一的，一般不适用缓刑：

（一）造成交通事故致他人轻微伤或者轻伤，且负事故全部或者主要责任的；

（二）造成交通事故且负事故全部或者主要责任，未赔偿损失的；

（三）造成交通事故后逃逸的；

（四）未取得机动车驾驶证驾驶汽车的；

（五）血液酒精含量超过 180 毫克 /100 毫升的；

（六）服用国家规定管制的精神药品或者麻醉药品后驾驶的；

（七）采取暴力手段抗拒公安机关依法检查，或者实施妨害司法行为的；

（八）五年内曾因饮酒后驾驶机动车被查获或者受过行政处罚的；

（九）曾因危险驾驶行为被判决有罪或者作相对不起诉的；

（十）其他情节恶劣的情形。

第十五条　对被告人判处罚金，应当根据醉驾行为、实际损害后果等犯罪情节，综合考虑被告人缴纳罚金的能力，确定与主刑相适应的罚金数额。起刑点一般不应低于道路交通安全法规定的饮酒后驾驶机动车相应情形的罚款数额；每增加一个月拘役，增加一千元至五千元罚金。

第十六条　醉驾同时构成交通肇事罪、过失以危险方法危害公共安全罪、以危险方法危害公共安全罪等其他犯罪的，依照处罚较重的规定定罪，依法从严追究刑事责任。

醉酒驾驶机动车，以暴力、威胁方法阻碍公安机关依法检查，又构成妨害公务罪、袭警罪等其他犯罪的，依照数罪并罚的规定处罚。

第十七条　犯罪嫌疑人醉驾被现场查获后，经允许离开，再经公安机关通知到案或者主动到案，不认定为自动投案；造成交通事故后保护现场、抢救伤者，向公安机关报告并配合调查的，应当认定为自动投案。

第十八条 根据本意见第十二条第一款、第十三条、第十四条处理的案件，可以将犯罪嫌疑人、被告人自愿接受安全驾驶教育、从事交通志愿服务、社区公益服务等情况作为作出相关处理的考量因素。

第十九条 对犯罪嫌疑人、被告人决定不起诉或者免予刑事处罚的，可以根据案件的不同情况，予以训诫或者责令具结悔过、赔礼道歉、赔偿损失，需要给予行政处罚、处分的，移送有关主管机关处理。

第二十条 醉驾属于严重的饮酒后驾驶机动车行为。血液酒精含量达到80毫克/100毫升以上，公安机关应当在决定不予立案、撤销案件或者移送审查起诉前，给予行为人吊销机动车驾驶证行政处罚。根据本意见第十二条第一款处理的案件，公安机关还应当按照道路交通安全法规定的饮酒后驾驶机动车相应情形，给予行为人罚款、行政拘留的行政处罚。

人民法院、人民检察院依据本意见第十二条第一款、第十三条处理的案件，对被不起诉人、被告人需要予以行政处罚的，应当提出检察意见或者司法建议，移送公安机关依照前款规定处理。公安机关应当将处理情况通报人民法院、人民检察院。

四、快速办理

第二十一条 人民法院、人民检察院、公安机关和司法行政机关应当加强协作配合，在遵循法定程序、保障当事人权利的前提下，因地制宜建立健全醉驾案件快速办理机制，简化办案流程，缩短办案期限，实现醉驾案件优质高效办理。

第二十二条 符合下列条件的醉驾案件，一般应当适用快速办理机制：

（一）现场查获，未造成交通事故的；

（二）事实清楚，证据确实、充分，法律适用没有争议的；

（三）犯罪嫌疑人、被告人自愿认罪认罚的；

（四）不具有刑事诉讼法第二百二十三条规定情形的。

第二十三条 适用快速办理机制办理的醉驾案件，人民法院、人民检察院、公安机关一般应当在立案侦查之日起三十日内完成侦查、起诉、审判工作。

第二十四条 在侦查或者审查起诉阶段采取取保候审措施的，案件移送至审查起诉或者审判阶段时，取保候审期限尚未届满且符合取保候审条件的，受案机关可以不再重新作出取保候审决定，由公安机关继续执行原取保候审措施。

第二十五条 对醉驾被告人拟提出缓刑量刑建议或者宣告缓刑的，一般可以不进行调查评估。确有必要的，应当及时委托社区矫正机构或者有关社会组织进行调查评估。受委托方应当及时向委托机关提供调查评估结果。

第二十六条 适用简易程序、速裁程序的醉驾案件，人民法院、人民检察院、公安机关和司法行政机关可以采取合并式、要素式、表格式等方式简化文书。

具备条件的地区，可以通过一体化的网上办案平台流转、送达电子卷宗、法律文书等，实现案件线上办理。

五、综合治理

第二十七条 人民法院、人民检察院、公安机关和司法行政机关应当积极落实普法责任制，加强道路交通安全法治宣传教育，广泛开展普法进机关、进乡村、进社区、进学校、进企业、进单位、进网络工作，引导社会公众培养规则意识，养成守法习惯。

第二十八条 人民法院、人民检察院、公安机关和司法行政机关应当充分运用司法建议、检察建议、提示函等机制，督促有关部门、企事业单位，加强本单位人员教育管理，加大驾驶培训环节安全驾驶教育，规范代驾行业发展，加强餐饮、娱乐等涉酒场所管理，加大警示提醒力度。

第二十九条 公安机关、司法行政机关应当根据醉驾服刑人员、社区矫正对象的具体情况，制定有针对性的教育改造、矫正方案，实现分类管理、个别化教育，增强其悔罪意识、法治观念，帮助其成为守法公民。

六、附则

第三十条 本意见自2023年12月28日起施行。《最高人民法院 最高人民检察院 公安部关于办理醉酒驾驶机动车刑事案件适用法律若干问题的意见》（法发〔2013〕15号）同时废止。

最高人民法院关于审理涉彩礼纠纷案件适用法律若干问题的规定

（2023 年 11 月 13 日最高人民法院审判委员会第 1905 次会议通过，自 2024 年 2 月 1 日起施行　法释〔2024〕1 号）

为正确审理涉彩礼纠纷案件，根据《中华人民共和国民法典》、《中华人民共和国民事诉讼法》等法律规定，结合审判实践，制定本规定。

第一条　以婚姻为目的依据习俗给付彩礼后，因要求返还产生的纠纷，适用本规定。

第二条　禁止借婚姻索取财物。一方以彩礼为名借婚姻索取财物，另一方要求返还的，人民法院应予支持。

第三条　人民法院在审理涉彩礼纠纷案件中，可以根据一方给付财物的目的，综合考虑双方当地习俗、给付的时间和方式、财物价值、给付人及接收人等事实，认定彩礼范围。

下列情形给付的财物，不属于彩礼：

（一）一方在节日、生日等有特殊纪念意义时点给付的价值不大的礼物、礼金；

（二）一方为表达或者增进感情的日常消费性支出；

（三）其他价值不大的财物。

第四条　婚约财产纠纷中，婚约一方及其实际给付彩礼的父母可以作为共同原告；婚约另一方及其实际接收彩礼的父母可以作为共同被告。

离婚纠纷中，一方提出返还彩礼诉讼请求的，当事人仍为夫妻双方。

第五条 双方已办理结婚登记且共同生活，离婚时一方请求返还按照习俗给付的彩礼的，人民法院一般不予支持。但是，如果共同生活时间较短且彩礼数额过高的，人民法院可以根据彩礼实际使用及嫁妆情况，综合考虑彩礼数额、共同生活及孕育情况、双方过错等事实，结合当地习俗，确定是否返还以及返还的具体比例。

人民法院认定彩礼数额是否过高，应当综合考虑彩礼给付方所在地居民人均可支配收入、给付方家庭经济情况以及当地习俗等因素。

第六条 双方未办理结婚登记但已共同生活，一方请求返还按照习俗给付的彩礼的，人民法院应当根据彩礼实际使用及嫁妆情况，综合考虑共同生活及孕育情况、双方过错等事实，结合当地习俗，确定是否返还以及返还的具体比例。

第七条 本规定自2024年2月1日起施行。

本规定施行后，人民法院尚未审结的一审、二审案件适用本规定。本规定施行前已经终审、施行后当事人申请再审或者按照审判监督程序决定再审的案件，不适用本规定。

Gongzuo Chuanzhen
工作传真

河南省检察机关重复信访案件办理工作规定

（河南省人民检察院 2023 年 9 月 8 日印发）

第一条 为进一步加大重复信访案件化解力度，压实包案化解责任，提高办理质量和效率，有效减少重复信访，根据《信访工作条例》等规定，结合河南检察工作实际，制定本规定。

第二条 本规定所称的重复信访案件，是指在首次信访受理后，当事人再次就同一诉求通过信访网电等方式进行控告申诉的案件。

第三条 重复信访案件办理，应当坚持以下原则：

（一）属地管理、分级负责；

（二）领导包案、部门主办；

（三）依法办理、多元化解；

（四）谁主管、谁负责、谁答复。

第四条 各级检察院信访工作领导小组负责本院重复信访案件化解的组织领导，定期听取工作汇报，研究疑难复杂案件化解措施，推动工作开展。

控告申诉检察部门负责上级通报重复信访案件及本级接收重复信访案件的审查甄别、交办转办、协调督办、统筹推进等工作。

各承办部门应当根据各自职责和有关规定，按照“三到位一处理”要求，即诉求合理的解决问题到位、诉求无理的思想教育到位、生活困难的帮扶救助到位、行为违法的依法处理，依法按政策开展实质性化解工作。

第五条 重复信访案件实行领导包案办理制度。包案领导按照包阅卷、包审查、包督办、包结案、包化解、包稳定的工作要求，全程参与收集、复核主要证据，听取信访申诉人及其辩护律师意见，制作、审核和签发法律文书，主持公开听证，开展释法说理，接待答复重要来信来访的控告、举报和申诉等相关工作。

第六条 对经甄别属于本院管辖的重复信访案件，控告申诉检察部门应当按照诉求性质，按照“谁主管、谁负责”和“属地管理、分级负责”的原则，逐案提出包案领导、承办部门和责任人的建议，经本院领导审核同意后，分流相关部门开展化解工作。

对应当由下级检察院办理的重复信访案件，控告申诉检察部门按照交办案件的相关规定办理交办手续。

第七条 办理重复信访案件应当依法及时规范。承办人应当从事实认定、证据采信、办理程序、释法说理、帮扶救助等方面，对原案办理及信访案件办理过程进行全面审查。对案件事实已经查清的，按照以下情形分别处理：

（一）原处理决定正确的，依法予以维持。

（二）原处理决定错误的，依法予以纠正。符合国家赔偿条件的，依法给予国家赔偿。

（三）原处理决定正确，但在执法程序、执法行为、执法作风以及法律文书等方面存在过失或不足等瑕疵的，应当主动赔礼道歉、依法补正瑕疵。

第八条 各级检察院承办部门应当把释法说理、化解矛盾作为办理重复信访案件的必要环节。对符合公开听证条件的案件，按照“应听证、尽听证”要求，组织开展公开听证。对符合司法救助条件的信访人，承办部门应当依法及时向控告申诉检察部门移送救助线索。

第九条 办理重复信访案件，一般应当在 3 个月内办结。确需延长办理期限的，应当在期限届满前报包案领导审批，并向转（交）办该信访案件的控告申诉检察部门书面说明延期理由和办理进展情况。

案件承办人应当自收到重复信访案件之日起 3 个月内，向信访人答复办理进展或者结果。延长办理期限的，应当及时告知信访人，后续每月回复办理情况，并做好释法说理、矛盾化解工作。

第十条 办理重复信访案件，符合以下标准之一的，可以申报结案：

（一）信访人息诉息访。包括三类：一是信访人签订息诉息访承诺书的；二是信访人口头承诺息诉息访，且半年内未就同一事项再次向检察机关信访的；三是信访人书面或者通过其他方式向检察机关撤回控告申诉的。

（二）案件导入其他程序。包括两类：一是案件已导入其他司法程序，不属于检察机关管辖的；二是经当地党委政法委确认，案件已移交其他单位或部门包案办理的。

（三）依法终结。包括三类：一是符合中政委、最高检关于信访案件终结的规定，经省院审查后作出终结决定的案件；二是最高检依法作出审查复查决定的案件；三是诉讼监督类案件经检察机关审查后认为原处理决定正确，经人民法院、公安机关等原办案单位按程序依法终结的，或者检察机关已发出终结建议的。

（四）原案处理结论并无不当，信访人因信访活动涉嫌犯罪被刑事立案并羁押，或被人民法院判决有罪收监执行的。

（五）信访人经专业机构鉴定系精神病人的。

第十一条 对符合结案标准的案件，承办部门应当形成办理情况报告，经包案领导审核同意后，连同相关证明材料送本院控告申诉检察部门。属于上级检察院交办的重复信访案件的，由控告申诉检察部门以院名义逐级报送交办信访案件的检察院。

办理情况报告应当包括：信访人及相关人员基本情况、案件基本情况、办理情况和化解信访矛盾的措施等内容。对于逐级交办下级检察院的，上一级检察院在报送的办理情况报告中应当写明本院的审查意见。

第十二条 控告申诉检察部门应当加强对转（交）办重复信访案件的督办，对未在规定期限内办结的，每月至少催办或者督办一次。

上级检察院控告申诉检察部门应当加大对下指导力度，梳理本地区重复信访案件办理工作中存在的问题和风险点，特别是针对“一交了之”“长期挂案”等突出问题，开展专项督导。

第十三条 各级院控告申诉检察部门应当定期对重复信访案件情况进行反向审视，及时梳理群众反映强烈的重点、热点问题，总结司法办案环节存在的问题和瑕疵，提出意见建议，反馈督促有关部门改进工作，促进提高办案质量。

第十四条 对因案件积压，造成越级访、非正常访，甚至引发极端事件或者重大群体性事件的，以及对司法办案中存在错误和瑕疵拒不依法纠正、补正的，依规依纪追究责任。

第十五条 重复信访案件化解工作情况纳入控申检察业务年度考评。

第十六条 本规定由河南省人民检察院负责解释。

第十七条 本规定自印发之日起施行。

山东省潍坊市人民检察院关于构建信访工作大格局的实施意见

（潍坊市人民检察院 2023 年 8 月 24 日印发）

为深入贯彻落实《信访工作条例》和《中共中央关于加强新时代检察机关法律监督工作的意见》，深化一体履职，加强协作配合，着力构建检察信访工作大格局，推进检察信访工作法治化，有效提升检察工作现代化水平，现制定以下实施意见。

一、总体要求

1. 指导思想。以习近平新时代中国特色社会主义思想为指导，全面贯彻习近平法治思想和习近平总书记关于加强和改进人民信访工作的重要思想，坚持以人民为中心的发展思想，坚持和发展新时代“枫桥经验”，落实“根在理念、本在治源、重在机制、要在落实”的工作要求，积极构建现代检察信访治理体系，把检察信访工作作为为民办实事的重要民生工程来抓，作为坚持和发展全过程人民民主的重要渠道来抓，作为推动检察工作现代化的重要载体来抓，为建设更高水平的平安潍坊、法治潍坊贡献检察力量。

2. 基本原则

——坚持“有理推定”理念。在办理群众信访时，首先相信群众是有理的，以足够耐心和诚心听取群众诉求，用足够时间和精力化解群众心中积怨，在充分相信群众、尊重群众中实现定分止争。

——坚持信访工作法治化。运用法治思维，以法治方式服务群众、化解矛盾，积极引导群众依法信访，营造办事依法、遇事找法、解决问题用法、化解矛盾靠法的法治环境。

——坚持信访化解一体化。牢固树立“检察信访工作不光是控告申诉部门的事，各级院领导、各相关部门也要主动参与”的责任意识，压实领导、部门、首办和属地属事责任，融入全市信访工作大局，形成化解矛盾强大合力。

——坚持信访诉源治理。注重“抓前端、治未病”，充分发挥法律监督职能作用，通过反向审视、检察建议和专项报告等方式，提高司法办案质效，强化信访源头预防和前端化解，助力提升社会治理水平。

3. 目标任务。坚持在全局层面推进信访工作，用心用情用法高质效办好每一起检察信访案件，强化涉法涉诉矛盾实质性化解，深化信访诉源治理，守正创新服务大局，推进检察信访工作责任体系更加完善、矛盾化解更加高效、源头防线更加坚固、信访秩序更加规范，以实实在在的工作成效解决群众的操心事、烦心事、揪心事。

二、凝聚信访化解合力

4. 领导干部带头。按照“一岗双责”要求，检察长全面负责信访工作，领导班子成员按照“管业务必须管信访、管条线必须管信访”“谁主管、谁负责”的原则，抓好分管条线的信访工作，并对职权范围内的信访工作负主要领导责任，带头包案、办信接访。

5. 联席会议协调。信访工作领导小组成员部门联席会议在院党组领导下开展工作，充分发挥统一思想、部署任务、调度落实的责任，定期召开会议，传达贯彻上级要求和精神，分析研判信访形势，研究部署重点任务，协调推进专项工作，有效解决信访难题。

6. 控申部门发挥主导作用。巩固深化群众信访件件有回复，全面履行群众信访事项受理、审查、分流等相关职责，推动信访案件受理办理规范化。承担联席会议办公室职能，统筹全市检察信访工作，通过“三函”等方式加强跟踪督办，指导做好信访案件办理答复和化解工作。对于重要信访事项，实行“一案双交”，既交属地承办检察院又交本院业务部门，形成一体化解合力。

7. 业务部门落实主体责任。按照“谁办案、谁负责”“谁产生、谁化解”的要求，对本部门办理的信访案件，全面负责回复答复、释法说理及矛盾化解等工作；对本业务条线发生的信访问题，加强指导督导，特别对于“一案双交”信访案件，主动靠上化解矛盾并背书负责；对所办信访案件全面审视，及时发现监督线索并依法移送相关业务部门，形成“四大检察”融合监督合力。

8. 基层院履行属地责任。严格落实“属地管理、分级负责”要求，做实初信初访办理，第一时间就地化解信访矛盾，防止信访外溢上行。对于“三跨三分离”“一案双交”等重要信访案件，加强与相关职能单位和上级院业务部门的协调对接，共同分析研判，完善化解方案，步调一致地推动化解、防范风险。

三、强化信访诉源治理

9. 严把案件质量关。案件质量是信访矛盾源头治理的根本保证。时刻绷紧“严格依法”这根弦，在办案中强化公正意识，保障公正效果，严把案件事实、证据、程序、法律适用关，确保办理的每一起案件都经得起法律和历史的检验。

10. 把教育挽救、化解矛盾贯穿于司法办案全过程。克服单纯办案、机械办案，只负责结果正确，不考虑群众感受的错误思想，发挥检察官主导作用，深入了解当事人的家庭背景、成长环境、矛盾根源，综合考虑其年龄阶段、文化程度、心理特征等因素，紧紧抓住案件受理、询问讯问、调查核实、出庭公诉等办案重点环节，用好用足释法说理、检察听证、司法救助、第三方参与等方式，最大限度消除对抗、化解矛盾、修复社会关系，最大限度减少信访案件的发生。

11. 落实司法办案评估预警制度。坚持把风险评估作为办案的必经环节，将是否存在信访风险纳入“一案百问”清单，每案提醒背书。特别在办理重大复杂敏感案件时，对可能发生信访风险的，及时提出妥善处理意见，主动通报控申部门，共同做好风险防范和矛盾化解工作。

12. 建立检察信访案件倒查制度。对在检察环节产生的信访案件，控申部门牵头组织开展逐案评查，明确信访发生的原因和责任，提出整改意见，督促原办案单位或部门限期整改。对于基层院整改情况，市院相关办案部门要加强跟踪督办，及时提醒、催办。常态化开展首次刑事申诉、国家赔偿案件质量检查。期满后整改落实不到位的，依法按程序严肃追责问责。

13. 以信访为载体强化法律监督。完善与市信访局协同接访机制，健全与法院联动协作机制，深化与公安机关的侦查监督与协作配合机制，探索创建信访领域法律监督线索大数据模型，及时发现群众信访背后反映的行政执法、诉讼活动等监督线索，对发现原案办理过程中存在的违法问题，依法通过提出纠正违法意见、检察建议、查办司法人员职务犯罪等，促请原案办理单位开展源头治理。

14. 强化分析研判助力社会治理。加强个案剖析，选取具有代表性的信访案件进行梳理分析，发挥检察专业优势，研究化解矛盾的路径和策略，形成典型信访案件化解样本；做好类案调研，定期对受理的信访案件进行集中审视和统计分析，就信访背后隐藏的普遍性问题及时归纳整理，提出有针对性的意见建议，通过调研报告、分析报告等形式，为党委政府决策提供参考依据。

四、加强保障支撑

15. 加强组织领导。党组将信访工作作为关乎全局的重要工作来抓，成立以检察长为组长，其他院领导为副组长，各部门主要负责人为成员的信访工作领导小组，定期召开联席会议，努力构建党组领导、部门联动、各负其责、齐抓共管的工作格局。

16. 加强工作创新。创新预约接访、联合接访、带案下访等方式，依法高效办理群众来访约访。创新不捕不诉案件信访风险消除前置制度，针对风险隐患进行实质性调处化解，原则上先消除风险再作决定。综合运用监督纠正、以抗促调、促成和解、司法救助、释法说理、上门听证、共同听证等方式，有效化解矛盾纠纷。

17. 加强考核评价。健全信访工作考核评价体系，将信访工作列入重点提升评价项目和综合督查项目，科学设置和动态调整考评指标。定期开展回访、群众满意度调查，探索建立信访工作“负面清单”，进一步压实工作责任。

18. 加强能力提升。强化宗旨意识和群众观念，将信访工作作为业务培训的重要内容，大力培育、挖掘、宣传信访工作先进典型，鼓励青年干警到信访一线接访锻炼，切实提升全体检察人员善做群众工作、善于释法说理、善解信访矛盾、善处突发事件的过硬本领。

山西省检察机关开展国家司法救助工作内部协作指引

（山西省人民检察院 2024 年 1 月 8 日印发）

为强化全省检察机关开展国家司法救助工作内部协作，根据中政委等 6 部门《关于建立完善国家司法救助制度的意见》及《人民检察院开展国家司法救助工作细则》《山西省国家司法救助实施办法》等规定，结合我省检察工作实际，制定本指引。

第一章　总　则

第一条　全省检察机关各级院以及相关内设部门在国家司法救助工作中应当协作配合，共同做好国家司法救助（以下简称救助）线索的发现和移送、案件的审查办理、救助金的申请和发放以及联动开展社会救助等相关工作。

第二条　救助申请人符合下列情形之一的，应当予以救助：

（一）刑事案件被害人受到犯罪侵害致人身伤害急需救治，但无力承担医疗救治费用的；

（二）刑事案件被害人受到犯罪侵害致重伤、严重残疾或者财产遭受重大损失，因案件无法侦破、犯罪已过追诉期限、加害人死亡或者没有赔偿能力，造成生活困难的；

（三）刑事案件被害人受到犯罪侵害致死或者丧失劳动能力，依靠其收入为主要生活来源的近亲属或者其赡养、扶养、抚养的其他人，因案件无法侦破、犯罪已过追诉期限、加害人死亡或者没有赔偿能力，造成生活困难的；

（四）举报人、证人、鉴定人因举报、作证、鉴定而受到打击报复致人身受到伤害或者财产受到重大损失，造成生活困难的；

（五）追索赡养费、扶养费、抚育费等，因被执行人没有履行能力，造成申请人生活困难的；

（六）因道路交通事故等民事侵权行为造成人身伤害，无法通过诉讼获得赔偿，造成生活困难的；

（七）根据实际情况，认为需要救助的其他情形。

涉法涉诉信访人，其诉求具有一定合理性，但通过法律途径难以解决，且生活困难，愿意接受救助后息诉罢访的，可以纳入救助范围。

符合条件的脱贫不稳定户、退役军人与军人军属、未成年人、残疾人、困难妇女等群体应当列为重点救助对象。

第二章 内设部门之间的协作

第三条 各内设部门在开展救助工作中分别承担以下职责：

（一）各业务部门（含综合业务部门，下同）负责主动识别救助案件线索，了解当事人受到不法侵害造成损失的情况及生活困难情况；对符合救助条件的当事人告知其可以提出救助申请；向本院控告申诉检察部门提供有关案件材料及救助申请人情况，提出拟救助金额的建议；协助控告申诉检察部门进行走访调查、联动开展社会救助、跟踪回访救助对象。

（二）控告申诉检察部门负责接收业务部门移送的救助线索，受理、审查救助申请，提出救助审查意见并依照规定报批，协同计划财务装备部门发放救助金，完成与救助相关的附随工作。

（三）计划财务装备部门负责向党委政法委、政府财政部门申请核拨救助金，协同控告申诉检察部门做好发放工作。

（四）业绩考核部门负责将移送救助案件线索情况纳入检察官业绩考评，对移送线索并成案的检察官在业绩考评中予以加分。

（五）宣传部门负责宣传检察机关司法救助职能、履职情况，审核发布救助典型案事例。

第四条 业务部门在履行职责过程中应当注意发现、识别救助线索。

业务部门在询问刑事案件被害人、民事被侵权人，听取刑事案件被害人、民事被侵权人及其近亲属、诉讼代理人的意见时，应当了解刑事案件被害人、民事被侵权人受到侵害导致生活困难的情况等，并记录在案。

业务部门在讯问犯罪嫌疑人、询问民事侵权人、听取辩护人意见时，应当了解犯罪嫌疑人、民事侵权人有无赔偿意愿和赔偿能力，并记录在案。

第五条 业务部门应当自发现救助线索之日起三个工作日内，制作《国家司法救助线索移送函》（附件），与相关案件材料一并移送本院控告申诉检察部门。移送材料的内容包括基本案情、诉讼过程、当事人受到侵害的情况、生活困难状况、是否获得赔偿、救助金额建议等。

第六条 控告申诉检察部门收到移送的救助线索后，应当主动与移送部门、救助申请人对接，确保救助申请材料齐备、有效，并做好登记，及时开展核查。

第七条 控告申诉检察部门对救助线索进行核查时，根据工作需要，可以商请原案承办检察官协同走访调查。

第八条 控告申诉检察部门应当在作出是否救助决定后的三个工

作日内，将决定内容告知移送线索的业务部门。

第九条 对于决定救助的案件，控告申诉检察部门应当及时将《国家司法救助决定书》送计划财务装备部门，协助做好救助金申报和发放工作。

第十条 控告申诉检察部门应当及时将救助金核拨金额和发放情况告知移送救助线索的业务部门。

第十一条 在开展司法救助过程中，需要联动民政、卫生、教育、乡村振兴、退役军人事务、妇联、残联等部门、单位开展社会救助的，由控告申诉检察部门会同相关业务部门等共同办理。

第十二条 救助金发放后，控告申诉检察部门应当适时会同救助线索移送部门对救助对象进行跟踪回访，了解救助金的使用情况以及救助对象的工作、生活、学习和身心恢复等状况。

第十三条 救助对象获得救助后，线索移送部门发现赔偿义务人有能力履行民事赔偿义务时，应当及时告知控告申诉检察部门，由控告申诉检察部门代表本院依法向赔偿义务人追偿。

第十四条 依照本指引第二条第二款获得救助的涉法涉诉信访人，在救助后又以同一事实上访的，由原办案单位控告申诉检察部门负责追缴发放的救助金。

第十五条 对于依照诉讼程序需要移送其他办案机关的案件，控告申诉检察部门应当将救助案件材料复印件移送相关业务部门。

第三章 上下级院联动救助

第十六条 开展救助遵循属地原则，一般由案件办理地检察机关负责实施救助。对于案件影响重大且救助金额需求较大、实施单独救助确有困难的，可以由上下级院联动救助。

第十七条 开展联动救助一般由下级人民检察院向上一级人民检

察院提出请求。

基层人民检察院对于救助金额需求巨大，由市、县两级检察机关联动救助仍无法解决资金需求的，可层报省人民检察院。经审批后，可以由全省三级检察机关实施联动救助。

第四章　跨院协作

第十八条　控告申诉检察部门在办理信访案件过程中，发现非本院所办案件的当事人符合救助条件的，应当及时将相关线索移送原案办理地人民检察院，同时告知当事人可以向原案办理地人民检察院申请救助。

第十九条　办理救助案件的人民检察院需要调查核实省内非本地救助申请人有关情况的，可以委托救助申请人户籍地、住所地或者经常居住地的同级人民检察院进行。受委托的人民检察院应当及时办理、反馈情况。

第二十条　办理救助案件的人民检察院所在地与社会救助申请地不一致的，办案地人民检察院可以委托社会救助申请人户籍地、住所地或者经常居住地同级人民检察院联系，并向其提供案件情况、实施司法救助情况以及提出社会救助建议等书面材料。受委托的人民检察院应当积极配合协助，并及时反馈社会救助事务办理进展情况。

第五章　附　则

第二十一条　本指引由山西省人民检察院负责解释。

第二十二条　本指引自印发之日起施行。

附件

××人民检察院
国家司法救助线索移送函
（参考模板）

第×检察部（控告申诉检察部门）：

我部在办案（履行……职责）中发现……（写明简要案情，审查认定的当事人人身、财产受到侵害，造成损失情况，生活困难情况，符合国家司法救助的情形）现将相关线索移送你部，请审查办理。

如你部拟给予国家司法救助，我部建议向该被害人（民事被侵权人）提供救助金××元。

联系人：×××　　联系电话：×××

年　月　日

（部门印章）

附件：

1. 案件相关材料；

2. 拟救助对象个人情况、生活困难程度及犯罪嫌疑人、民事侵权人赔偿意愿、赔偿能力等情况。

（注：本移送函一式二份。一份送控告申诉检察部门，一份附卷）

《控告申诉检察工作指导》征稿启事

《控告申诉检察工作指导》是由最高人民检察院第十检察厅编辑出版的连续性控告申诉检察业务指导书，以检察机关控告申诉检察干警为主要服务对象，同时为社会各界特别是关注控告申诉问题的人士提供参考。本书以“加强工作指导、促进理论研究、搭建交流平台、营造学习氛围”为宗旨，坚持理论联系实际的原则，贯彻实用性、指导性和权威性的特色，为加强对控告申诉检察实务指导，推动新时代控告申诉检察理论研究和控告申诉检察工作深化发展，搭建一个全国检察机关控告申诉检察部门工作交流的平台和有关控告申诉问题理论研究的平台。本书编辑部结合当前控告申诉检察工作实际，确定了 2024 年度重点选题，欢迎广大检察人员、高等院校和研究机构的专家学者以及各界人士投稿。

一、征稿内容和方向

稿件主题为控告申诉检察以及相关领域的理论与实务问题研究，包括以下内容：

1. 控告申诉检察及其相关问题的理论与实务；
2. 国家赔偿的理论与实务；
3. 国家司法救助的理论与实务；
4. 人民群众信访受理答复等相关理论与实务；
5. 其他相关领域的理论与实务问题研究。

二、2024 年度重点选题

1. 控告申诉检察工作现代化理论和实务研究；

2. 控告申诉检察“高质效办好每一个案件”研究；

3. 推进检察信访工作法治化研究；

4. 强化检察办案反向审视的诉源治理功能研究；

5. 坚持和发展新时代“枫桥经验”法治化实质性化解信访矛盾理论和实务研究；

6. 重复信访治理机制研究；

7. 院领导接访下访和包案化解机制研究；

8. 刑事申诉案件再申诉率实务研究；

9. 办理特定类型刑事申诉案件（合同诈骗罪等）实务研究；

10. 办理刑事立案监督案件实务问题研究；

11. 刑事申诉案件中“被害人”范围研究；

12. 民事、行政诉讼监督案件审查受理实务研究；

13. 民事申请复查案件初核工作实务研究；

14. 保障律师执业权利检察监督案件办理机制研究；

15. 检律协作与检察监督理论和实务研究；

16.《国家赔偿法》修改重点难点问题研究；

17. 司法救助工作规范化发展和完善问题研究；

18. 司法救助与社会救助衔接理论和实务研究；

19. 控告申诉“数字检察”工作模式实务分析探讨；

20. 新时代控告申诉检察职能与队伍建设调查研究。

三、栏目设置

《控告申诉检察工作指导》设置政策指导类、业务研究类、工作动态类、专题类等四个板块，其中前三个板块为常设板块。

（一）政策指导板块

【特稿】主要刊登高检院领导、省级院检察长、著名专家学者有关控告申诉检察实务与理论问题的重要讲话、论述等。

【专论】主要刊登高检院第十检察厅领导、省级检察院分管控告申诉检察工作院领导及控告申诉检察部门负责人有关控告申诉检察的论述。

【文件解读】主要刊登专家学者对与控告申诉检察相关的工作规范性质文件进行解读的文章。

【文件选登】主要刊登与控告申诉检察相关的最新法律、司法解释、答记者问等业务规范性文件。

（二）业务研究板块

【理论综述】主要刊登就国内一段时期有关控告申诉检察热点问题方面理论研究成果核心观点进行综述的文章。

【工作研究】主要刊登有关控告申诉检察司法实践中的深度、系统、理性思考的研究文章。

【经验交流】主要刊登地方各级检察机关开展某方面工作的经验做法类文章。

【业务实践】主要刊登控告申诉检察干警个人在刑事申诉检察司法办案等工作中的经验总结、思考类文章。

【典型案例】主要刊登控告申诉检察部门办理的、具有指导性的重大典型案例。

【专题调研】主要刊登有关控告申诉检察工作的调研成果。

【答疑解惑】主要刊登检答网中关于控告申诉检察工作疑难问题的咨询解答。

（三）工作动态板块

【工作传真】主要刊登地方检察机关或有关部门最新出台的、具有借鉴参考价值的控告申诉检察工作制度。

【文苑】主要刊登有关控告申诉检察干警工作感悟、生活体验类的文章。

（四）专题板块

【专项活动】主要刊登有关刑事申诉检察重大专项工作、重点热点问题、重要业务竞赛活动等设置的专门性栏目，根据不同时期工作重点确定。

四、投稿要求和注意事项

1. 要有原创性。本书主要刊发作者原创的理论和实务文章。稿件如已在其他刊物发表过，投稿时请务必注明刊发的时间和刊物名称。

2. 要有时效性。稿件要注意内容的时效性，尤其是典型经验、案件分析、专项报告、法规文件等类稿件。

3. 数据引用要准确。文章引用的数据务必准确，数据的出处要明确具体。本书难以核校文章数据的准确性，刊发有误的责任由作者自负。

4. 署名和引注要规范。本书鼓励作者独立署名，也可刊发合作署名文章，但对 4 人（含 4 人）以上的署名文章一般不刊发或者作集体署名处理；文章引注请严格依照本书“注释体例”要求。

5. 作者信息要完整。应在稿件电子版内（文章结尾处，不需另附文档）直接注明作者详细联系方式，包括通信地址、邮政编码、联系电话、电子信箱等；并附作者简介（包括姓名、性别、出生年月、籍贯、职务、学历、工作单位等）。

6. 稿件形式要合规。稿件一般应当在 3000 字以上；投稿时请同时发送纸质版和电子版，电子版（Word 或 Wps 格式）应以“附件”方式发送至本书电子信箱。

五、本书联系方式

1. 投稿 E-mail 信箱（邮件请填写主题）：检察内网邮箱 jct10_kgssjc@gj.pro；检察工作网邮箱 jct10_kgssjc@gj.jcy；外网邮箱 gjyksjc@163.com。

2. 本书地址：北京市东城区北河沿大街 147 号最高人民检察院第十检察厅，邮编：100726。

编辑部联系人：赵景川（010）65200352

彭赞清（010）65200350

《控告申诉检察工作指导》编辑部

2024 年 3 月

《控告申诉检察工作指导》注释体例

注释采用脚注方式，每页不连续编号，以阿拉伯数字加圆圈标识。

一、著作类引文注释

作者：书名，卷次，译者，出版社，出版年份，页码。

例：

①汤维建：《民事诉讼法学精论》（上册），中国检察出版社 2022 年版，第 294—298 页。

②贾宇主编：《数字检察办案指引》，中国检察出版社 2023 年版，第 68 页。

③［美］肖恩·玛丽·博伊恩：《德国检察机关职能研究——一个法律守护人的角色定位》，但伟译，中国检察出版社 2021 年版，第 47 页。

二、文章类引文注释

作者：文章名，本书作者，所载书刊名，卷次，出版社，出版年份，页码。

例：

①陈兴良：《正当防卫的司法偏差及其纠正》，载《政治与法律》2019 年第 8 期。

②操宏均:《贩卖妇女儿童犯罪现象解读与治理路径》，载岳向阳、雷爱民主编:《现代社会与犯罪治理暨学会成立三十周年学术总结与展望》，中国检察出版社 2022 年版，第 706 页。

③王轶:《民法典的中国特色、实践特色、时代特色》，载《光明日报》2020 年 10 月 28 日，第 4 版。

④《李希在湖北调研时强调　深入贯彻党的二十大精神　以对党绝对忠诚担负起职责使命》，载新华网，http://www.news.cn/politics/leaders/2023-03/21/c_1129451758.htm。

三、数字的用法

除引用原文外，文章中出现的数字（不含序数）均使用阿拉伯数字。

例：

《中华人民共和国刑事诉讼法》第一百五十九条明确规定："对犯罪嫌疑人可能判处十年有期徒刑以上刑罚，依照本法第一百五十八条规定延长期限届满，仍不能侦查终结的，经省、自治区、直辖市人民检察院批准或者决定，可以再延长二个月。"这说明可能判处 10 年以上有期徒刑的犯罪嫌疑人被羁押的时间最长可达 7 个月。

《控告申诉检察工作指导》（2024年）征订启事

《控告申诉检察工作指导》是由最高人民检察院第十检察厅编辑出版的控告申诉检察业务指导书，由中国检察出版社出版发行。本书以“加强工作指导、促进理论研究、搭建交流平台、营造学习氛围”为宗旨，坚持理论联系实际的原则，秉承实用性、指导性和权威性的特色，是全国检察机关控告申诉检察部门工作交流和有关控告申诉问题理论研究的重要平台，对加强控告申诉检察实务指导，推动新时代控告申诉检察理论研究和控告申诉检察工作深化发展，具有不可替代的作用。

《控告申诉检察工作指导》以控告申诉检察干警为主要服务对象，对各地检察机关正确、有效开展控告申诉检察工作具有重要的指导意义，同时为社会各界特别是关注控告申诉问题的人士提供参考。

《控告申诉检察工作指导》（2024年）全年4辑，每辑定价55.00元，全年定价220.00元，面向全国公开发行。现征订工作已经开始，欢迎各级人民检察院和相关部门订阅。各订阅单位可通过中国检察出版社官网（www.zgjccbs.com）“连续出版物”版块进行网上征订。中国检察出版社将以网上征订平台上确认的信息为发行的依据，请尽量使用网上征订平台，如有特殊情况，请汇款后填写下页回执单（复印有效）并传真至出版社。

中国检察出版社

2023年9月

《控告申诉检察工作指导》订购回执单

<table>
<tr><td>订购单位名称</td><td></td><td>经手人</td><td colspan="2"></td></tr>
<tr><td>地　址</td><td></td><td>电　话</td><td colspan="2"></td></tr>
<tr><td colspan="2">单位统一信用代码
电子发票接收邮箱</td><td colspan="3"></td></tr>
<tr><td colspan="2">名　称</td><td>定价</td><td>订　数</td><td>金　额</td></tr>
<tr><td colspan="2">2024 年《控告申诉检察工作指导》</td><td>220.00</td><td></td><td></td></tr>
<tr><td colspan="2">合计金额（大写）</td><td colspan="3">万　仟　佰　拾　元整</td></tr>
<tr><td colspan="5">备注：此款已通过银行于　　年　　月　　日汇出</td></tr>
</table>

订购方式说明

第一种　网站订购（www.zgjccbs.com）

1. 网站下单，直接在线支付（微信、支付宝）
2. 网站下单，银行汇款需备注订单编号后 6 位数字

网站订购负责人：张惠 010-86423745 18101137669

第二种　微信订购（仅支持微信在线支付）

1. 使用微信扫描右侧二维码可直接在线订购
2. 了解最新书讯请关注“中国检察出版社”微信公众号

第三种　传真订购

将书款汇至出版社账号后，发送订书回执单传真至 010-68659465

中国检察出版社账户信息

户　名：中国检察出版社有限公司　　开户行：建设银行北京西山枫林支行
账　号：11050164860000000056　　行　号：105100050751

中国检察出版社联系人

盛　丹 010-86423727 18101137660（微信同号）　传真：010-68659465
（北京、天津、山西、陕西、河北、黑龙江、吉林、辽宁、内蒙古、青海、山东）

董艳芬 010-86423726 18101137661（微信同号）　传真：010-68659465
（河南、浙江、江苏、安徽、上海、福建、甘肃、江西、新疆、西藏）

薛建娜 010-86423728 18101137662（微信同号）　传真：010-68659465
（广东、广西、海南、重庆、四川、云南、贵州、湖北、湖南、宁夏）